Sternzeichen-Match

Der Deszendent
als Partnerkompass

Finde deine kosmische Seelenverbindung in 7 Wochen

Steffi Stern

Impressum

Steffi Stern wird vertreten von:

c/o COCENTER
Koppoldstr. 1
86551 Aichach

Anregungen und Kritik zum Buch:
info-verlagshaus@pm.me

Jahr der Veröffentlichung: 2025

Verantwortlich für den Druck: Amazon Distribution GmbH, Leipzig

ISBN: 979-8-27651-033-0

Verlagshaus Feder

Inhaltsverzeichnis

Einleitung – Warum dein Deszendent der Schlüssel zu deiner Liebeswelt ist

Willkommen – schön, dass du hier bist

Vielleicht liest du diese Zeilen, weil du dich fragst, warum es in der Liebe bisher nicht so gelaufen ist, wie du es dir erträumt hast.
Vielleicht hast du schon einige Beziehungen hinter dir, die anfangs vielversprechend waren, aber irgendwann ins Leere liefen.
Oder du bist gerade Single und wünschst dir, endlich jemanden zu finden, der dich wirklich versteht – auf einer tieferen Ebene, jenseits von oberflächlicher Anziehung.

Es kann auch sein, dass du in einer Beziehung bist, die grundsätzlich gut läuft, aber du spürst: *Da ist noch mehr möglich.* Mehr Nähe. Mehr Verständnis. Mehr Harmonie.

Egal, wo du gerade stehst – dieses Buch ist für dich.
Ich möchte dich mitnehmen auf eine Reise zu einem oft übersehenen, aber unglaublich aufschlussreichen Teil deines Horoskops: deinem **Deszendenten**.

Der Deszendent ist wie ein unsichtbarer Kompass in deinem Liebesleben. Er zeigt dir, welche Art von Partner dich wirklich erfüllt, welche Eigenschaften dich anziehen – und wie du diese Verbindung bewusst in dein Leben ziehen kannst.
Er kann dir helfen zu verstehen, warum dich bestimmte Menschen magisch anziehen, während andere dich völlig kalt lassen. Und er kann dir zeigen, wie du Beziehungen führst, die dich nicht nur glücklich machen, sondern dich auch als Mensch wachsen lassen.

Was ist der Deszendent – und warum ist er so wichtig?

In der Astrologie kennen die meisten Menschen ihr **Sternzeichen** – das sogenannte Sonnenzeichen. Es beschreibt, wer du im Kern bist, deine grundlegende Persönlichkeit. Manche wissen auch ihren **Aszendenten**, der viel darüber verrät, wie du auf andere wirkst, wie du dich präsentierst und welchen ersten Eindruck du hinterlässt.

Doch nur wenige kennen ihren **Deszendenten** – und genau hier liegt oft der Schlüssel zu unserem Liebesglück.

Der Deszendent steht im Geburtshoroskop **genau gegenüber** vom Aszendenten.
Während der Aszendent beschreibt, wie du dich der Welt zeigst, verrät der Deszendent, **welche Eigenschaften dich in anderen Menschen anziehen** – und welche Art von Partner dir helfen kann, dich weiterzuentwickeln.

Man könnte sagen:

- **Aszendent** = deine Tür zur Welt
- **Deszendent** = das, was dich auf der anderen Seite dieser Tür erwartet

Der Deszendent ist wie ein Spiegel, der dir zeigt, welche Qualitäten du dir ins Leben wünschst – manchmal auch, welche dir selbst fehlen und die du durch andere erfahren möchtest.
Er erklärt, warum du dich zu bestimmten Menschen hingezogen fühlst, selbst wenn sie auf den ersten Blick gar nicht „dein Typ" sind.

Aszendent vs. Deszendent – Du und dein Gegenüber

Stell dir vor, dein Aszendent ist die Art, wie du dich kleidest, wie du sprichst, wie du dich bewegst – deine persönliche Ausstrahlung.
Der Deszendent hingegen ist die Energie, die dich fasziniert, die dich herausfordert, die dich inspiriert.

Oft verlieben wir uns in Menschen, die viele Eigenschaften unseres Deszendenten verkörpern – manchmal bewusst, oft unbewusst.
Das kann wunderschön sein, weil wir uns dadurch lebendig und vollständig fühlen.
Es kann aber auch kompliziert werden, wenn wir nicht verstehen, warum uns bestimmte Typen immer wieder begegnen – selbst dann, wenn diese Beziehungen uns nicht guttun.

Wenn du deinen Deszendenten kennst, kannst du bewusster entscheiden:

- Wen lasse ich in mein Leben?
- Welche Eigenschaften tun mir gut – und welche bringen mich immer wieder in Schwierigkeiten?

Warum dieses Buch dir helfen wird

In den nächsten Kapiteln wirst du Schritt für Schritt lernen:

- **Wie du deinen eigenen Deszendenten findest** – auch wenn du bisher noch nie ein Geburtshoroskop erstellt hast.
- **Welche Eigenschaften dein Deszendent mit sich bringt** – und wie du diese im Alltag erkennst.
- **Wie du gezielt Menschen anziehst**, die deinem Deszendenten entsprechen und dir guttun.

- **Wie du ungesunde Muster erkennst** und dich vor Beziehungen schützt, die dir nicht gut tun.
- **Wie du deine aktuelle Partnerschaft vertiefst**, indem du den Deszendenten deines Partners verstehst.

Dieses Buch ist kein trockener Astrologie-Kurs.
Es ist ein **praktischer, leicht umsetzbarer Ratgeber**, der dir konkrete Tipps gibt, die du sofort ausprobieren kannst – egal, ob im Alltag, beim Dating oder in deiner Beziehung.
Du wirst nicht nur theoretisches Wissen bekommen, sondern auch **Übungen, Beispiele und kleine Alltags-Challenges**, die dir helfen, das Gelernte direkt anzuwenden.

Dein Weg zu mehr Klarheit und Liebe

Ich lade dich ein, dich auf diese Reise einzulassen – mit Offenheit, Neugier und vielleicht auch ein bisschen Mut.
Denn wenn du einmal verstanden hast, wie dein Deszendent wirkt, wirst du nicht nur deine Partnerwahl bewusster treffen, sondern auch dich selbst auf einer tieferen Ebene verstehen.

Du wirst erkennen, dass die Sterne dir zwar Hinweise geben – aber du bist es, die entscheidet, welchen Weg du gehst.
Und genau das macht diese Reise so spannend: Du wirst zur Gestalterin deines Liebeslebens.

Mach dich bereit, deinen persönlichen Liebeskompass zu entdecken.
Die Sterne zeigen dir den Weg – aber du bist es, die ihn geht.

✨ **Sternen-Tipp:**
Halte während der Lektüre ein Notizbuch bereit.
Schreibe deine Gedanken, Aha-Momente und Beobachtungen

auf.
Oft wirst du schon während des Lesens erste Veränderungen in deinem Blick auf die Liebe bemerken – und vielleicht auch in den Menschen, die dir begegnen.

Kapitel 1 – Dein astrologischer Kompass: Was ist der Deszendent?

Der verborgene Schlüssel zu deinem Liebesleben

Vielleicht hast du schon einmal von deinem Sternzeichen gehört – wahrscheinlich sogar sehr oft. Vielleicht weißt du auch, was dein Aszendent ist. Aber hast du schon vom **Deszendenten** gehört?
Er ist so etwas wie der **geheime Schlüssel** zu deinem Beziehungsleben. Während dein Sternzeichen beschreibt, wie du im Innersten bist, und dein Aszendent zeigt, wie du dich der Welt präsentierst, verrät dir der Deszendent, **welche Art von Partner dich anzieht – und warum**.

Der Deszendent ist nicht einfach nur ein weiteres astrologisches Detail. Er ist der Punkt in deinem Geburtshoroskop, der dir zeigt, **welche Eigenschaften dich in anderen faszinieren, welche Menschen dich magisch anziehen – und welche Herausforderungen diese Anziehung mit sich bringen kann**.
Wenn du ihn kennst, kannst du bewusster entscheiden, **wen du in dein Leben lässt** und wie du deine Beziehungen erfüllender gestaltest.

Die Achse Aszendent – Deszendent: Du und dein Gegenüber

Stell dir dein Geburtshoroskop wie einen Kreis vor (siehe Abbildung 1). Auf der linken Seite steht dein **Aszendent** – er beschreibt, wie du auf andere wirkst, wenn sie dich zum ersten Mal treffen. Er ist deine „äußere Maske“, dein erster Eindruck, dein Auftreten.

Direkt gegenüber – auf der rechten Seite – liegt der **Deszendent**. Er ist sozusagen dein Spiegel.
Er zeigt, **welche Eigenschaften du in anderen suchst oder brauchst**, um dich vollständig zu fühlen. Oft sind das Qualitäten, die du selbst nicht so stark lebst, die dich aber faszinieren, weil sie dir etwas geben, das dir fehlt oder das du in dir entwickeln möchtest.

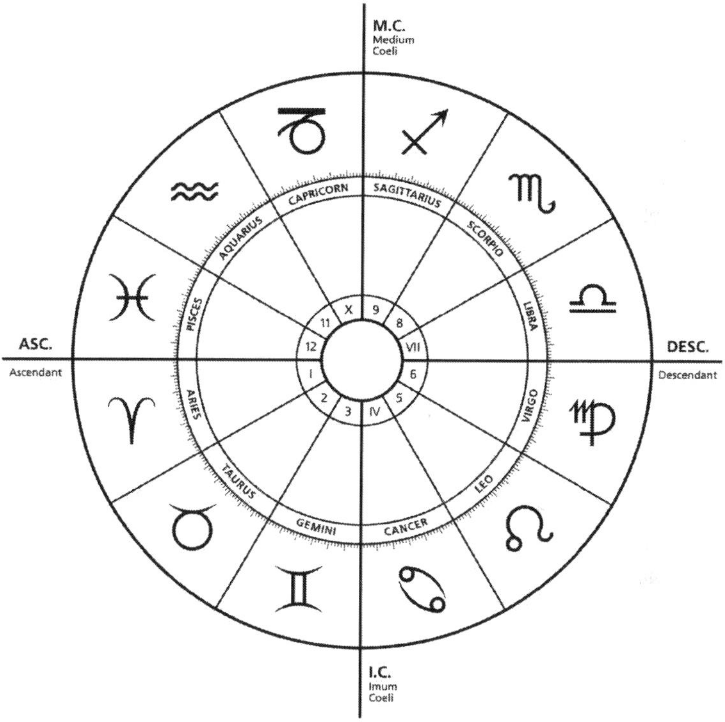

Abbildung 2: Geburtshoroskop (Radix oder Horoskopkreis)

Man könnte sagen:

- **Aszendent** = „So trete ich auf."
- **Deszendent** = „So soll mein Gegenüber sein."

Diese Achse ist wie eine Brücke zwischen dir und anderen Menschen – besonders in Liebesbeziehungen. Wenn du deinen Deszendenten kennst, verstehst du, **warum dich bestimmte**

Menschen sofort in ihren Bann ziehen und andere dich völlig kalt lassen.

Warum der Deszendent oft mehr über deine Partnersuche verrät als dein Sternzeichen

Viele Menschen suchen ihren Partner nach dem Sternzeichen aus – „Ich bin Löwe, also passt am besten ein Widder zu mir." Doch das ist nur ein kleiner Teil der Wahrheit. Dein Sternzeichen beschreibt deine Persönlichkeit, aber nicht unbedingt, **welche Energie dich in einer Beziehung erfüllt**.

Der Deszendent dagegen ist wie ein **magnetischer Kompass**: Er zeigt dir, welche Eigenschaften dich anziehen, selbst wenn sie auf den ersten Blick gar nicht zu dir passen.
Manchmal verliebst du dich in jemanden, der völlig anders ist als du – und genau das ist der Reiz. Der Deszendent erklärt, warum das so ist.

Er kann dir auch helfen, **ungesunde Muster zu erkennen**. Vielleicht merkst du, dass du immer wieder auf denselben Typ Mensch hereinfällst – charmant, aufregend, aber am Ende nicht gut für dich. Wenn du deinen Deszendenten kennst, kannst du diese Muster durchschauen und bewusst entscheiden, ob du ihnen folgen oder sie durchbrechen möchtest.

Was dich in diesem Buch erwartet

In den nächsten Kapiteln wirst du lernen, wie du **deinen eigenen Deszendenten berechnest**, was er über deine Partnersuche verrät und wie du diese Erkenntnisse im Alltag

nutzen kannst.
Du wirst verstehen, **welche Menschen dich anziehen**, wie du sie erkennst – und wie du gleichzeitig darauf achtest, dass diese Anziehung gesund und bereichernd ist.

Dieses Wissen ist kein starres Schicksal, sondern ein Werkzeug. Du kannst es nutzen, um **bewusster zu lieben, klarer zu wählen und dich selbst besser zu verstehen**. Denn je besser du weißt, was dich wirklich erfüllt, desto leichter wird es, den Menschen zu finden, der nicht nur dein Herz höherschlagen lässt, sondern auch langfristig an deiner Seite bleibt.

Merke dir:
Dein Deszendent ist nicht nur ein astrologischer Punkt – er ist ein Spiegel deiner Sehnsucht. Wenn du ihn kennst, kennst du auch den Weg zu einer Liebe, die dich wirklich nährt.

Kapitel 2 – So findest du deinen Deszendenten

Vielleicht hast du schon einmal von deinem Sternzeichen gehört – das ist das Zeichen, in dem die Sonne zum Zeitpunkt deiner Geburt stand. Viele kennen auch ihren Aszendenten, der verrät, wie du auf andere wirkst.
Doch der **Deszendent** ist für die Liebe und Partnersuche mindestens genauso wichtig – er zeigt, welche Eigenschaften dich bei anderen Menschen besonders anziehen und welche Art von Partner dich tief im Inneren berührt.

Damit du die Tipps in diesem Buch wirklich für dich nutzen kannst, musst du zuerst wissen, **in welchem Zeichen dein Deszendent steht**. Keine Sorge – das ist einfacher, als es klingt. Ich führe dich Schritt für Schritt durch den Prozess.

Was du brauchst: Geburtsdatum, -zeit und -ort

Um deinen Deszendenten zu berechnen, benötigst du drei Angaben:

- **Dein Geburtsdatum** (Tag, Monat, Jahr)
- **Deine genaue Geburtszeit** (am besten auf die Minute genau)
- **Deinen Geburtsort** (Stadt und Land)

💡 **Tipp:** Die genaue Geburtszeit findest du oft in deiner Geburtsurkunde oder im Familienstammbuch. Falls du sie nicht hast, frage deine Eltern oder Verwandten – manchmal erinnern sie sich erstaunlich genau.
Je präziser die Zeit, desto genauer das Ergebnis. Schon eine Abweichung von 15 Minuten kann den Aszendenten – und damit auch den Deszendenten – verändern.

Kostenlose Online-Tools und Apps

Du musst kein Astrologie-Profi sein, um deinen Deszendenten zu finden. Es gibt viele kostenlose Möglichkeiten im Internet, die dir in wenigen Sekunden dein Geburtshoroskop anzeigen. Einige empfehlenswerte Tools sind:

- **astro.com** – sehr detailliert und zuverlässig
- **astro-seek.com** – übersichtlich und leicht zu bedienen
- **Astro Gold** oder **TimePassages** (Apps für Smartphone)

So gehst du vor:

1. Öffne die Website oder App.
2. Wähle „Geburtshoroskop berechnen“ oder „Natal Chart“.
3. Gib deine Daten ein (Datum, Uhrzeit, Ort).
4. Bestätige – und schon erscheint dein persönliches Horoskop.

Der **Deszendent** wird oft mit „DC“ oder „Descendant“ bezeichnet. Er steht im Horoskop **direkt gegenüber vom Aszendenten** (AC). Wenn dein Aszendent zum Beispiel im Löwen steht, ist dein Deszendent automatisch im Wassermann.

Kurze Einführung in Geburtshoroskope

Ein Geburtshoroskop ist wie eine Landkarte des Himmels zu dem Moment, in dem du geboren wurdest.

- **Aszendent (AC):** Das Zeichen, das im Osten aufging – es beschreibt deine Ausstrahlung und wie du auf andere wirkst.
- **Deszendent (DC):** Das Zeichen im Westen – es beschreibt, welche Eigenschaften dich bei anderen faszinieren und welche Art von Beziehung dich erfüllt.

Man kann sich das wie eine Waage vorstellen: Auf der einen Seite stehst du (Aszendent), auf der anderen dein Gegenüber (Deszendent). Beide Seiten gehören zusammen und beeinflussen sich gegenseitig.

Was tun, wenn du deine genaue Geburtszeit nicht kennst?

Falls du deine Geburtszeit nicht herausfinden kannst, gibt es trotzdem Möglichkeiten:

- **Familienbefragung:** Frage Eltern, Großeltern oder ältere Geschwister – oft erinnern sie sich an den ungefähren Zeitpunkt.
- **Standesamt oder Krankenhaus:** In vielen Ländern kann man eine beglaubigte Kopie der Geburtsurkunde mit Uhrzeit anfordern.
- **Astrologische Rekonstruktion:** Manche Astrologen bieten an, die Geburtszeit anhand wichtiger Lebensereignisse zu rekonstruieren (sogenanntes „Rectifying").

Wenn du nur eine ungefähre Zeit hast, kannst du trotzdem eine Berechnung versuchen – aber sei dir bewusst, dass der Deszendent sich bei einer Zeitverschiebung schnell ändern kann. In diesem Fall lohnt es sich, beide möglichen Deszendenten zu lesen und zu schauen, welcher besser zu dir passt.

Beispiel: So sieht das in der Praxis aus

Nehmen wir an, du bist am
15. Mai 1990 um 14:35 Uhr in Rom

geboren.

- Du gibst diese Daten in ein Online-Tool ein.
- Das Ergebnis zeigt: **Aszendent Skorpion** – und damit **Deszendent Stier**.
- Das bedeutet: Du fühlst dich oft zu Menschen hingezogen, die sinnlich, bodenständig und verlässlich sind.

Alle weiteren Kapitel dieses Buches helfen dir nun, genau diesen Typ zu erkennen, anzuziehen und gesunde Beziehungen zu führen.

✨ **Merke:** Deinen Deszendenten zu kennen, ist wie einen geheimen Schlüssel zu deiner Liebeswelt zu besitzen. Er verrät dir nicht nur, wer dich anzieht – sondern auch, warum. Und genau hier beginnt deine Reise zu einer erfüllten Partnerschaft.

Kapitel 3 – Die 12 Deszendent-Zeichen und ihre Liebessprache

Dein Deszendent ist wie ein unsichtbarer Kompass in deinem Liebesleben.
Er zeigt dir, welche Art von Menschen dich besonders anzieht – oft ohne, dass du es bewusst steuerst.
Er steht für die Qualitäten, die dich faszinieren, die dich herausfordern und die du in einer Partnerschaft erleben oder selbst entwickeln möchtest.

Manchmal sind es Eigenschaften, die dir fehlen und die dein Gegenüber in dein Leben bringt.
Manchmal spiegeln sie auch Anteile von dir, die du bisher nicht gelebt hast.
In diesem Kapitel lernst du die zwölf Deszendent-Zeichen kennen – und damit auch die „Sprache der Liebe", die dich am tiefsten berührt.

Deszendent Widder – Die leidenschaftliche Herausforderung

Liebessprache: Direktheit, Abenteuerlust, Initiative

Wenn dein Deszendent im Widder steht, zieht dich eine Person an, die mutig, spontan und voller Energie ist. Du liebst es, wenn jemand die Führung übernimmt, Entscheidungen trifft und dich aus deiner Komfortzone holt. Diese Menschen bringen Feuer in dein Leben – sie sind wie ein Funke, der dich antreibt, Neues zu wagen.

Psychologischer Hintergrund:
Der Widder-Deszendent spiegelt oft den Wunsch nach mehr Mut, Selbstbehauptung und Spontaneität. Vielleicht bist du selbst eher vorsichtig oder abwägend – und genau deshalb fasziniert dich jemand, der einfach macht, ohne lange zu

überlegen. Der Widder-Typ verkörpert für dich das „Jetzt oder nie“-Gefühl. Er lebt im Moment und erinnert dich daran, dass das Leben nicht auf dich wartet.

Wie er sich in Beziehungen verhält:
Ein Widder-Deszendent-Typ liebt es, wenn es knistert, wenn etwas in Bewegung ist. Stillstand langweilt ihn. Er braucht das Gefühl, dass ihr gemeinsam etwas erlebt – ob Reisen, Projekte oder sportliche Aktivitäten. Er ist direkt in seiner Kommunikation, sagt, was er denkt, und erwartet das auch von dir. Er ist kein Freund von Spielchen oder langem Hin und Her. Wenn er dich will, wirst du es merken – und zwar sofort.

Stärken:

- Leidenschaft und Tatkraft
- Ehrlichkeit und Direktheit
- Mut, Dinge anzupacken und Risiken einzugehen
- Fähigkeit, dich zu motivieren und anzutreiben

Herausforderungen:

- Ungeduld und Impulsivität
- Neigung zu Streit oder Konkurrenz
- Manchmal zu wenig Rücksichtnahme
- Kann schnell das Interesse verlieren, wenn es zu ruhig wird

Wie die Anziehung im Alltag entsteht:
Du könntest ihm beim Sport begegnen, bei einem Konzert, auf einer Reise oder in einer Situation, in der schnelle Entscheidungen gefragt sind. Er fällt dir auf, weil er nicht zögert – er handelt. Vielleicht ist er derjenige, der als Erster auf die Tanzfläche geht oder der in einer Gruppe die Richtung vorgibt.

So erkennst du ihn:
Er spricht dich direkt an, ohne lange um den heißen Brei zu reden. Er wirkt energiegeladen, liebt Action oder Herausforderungen. Oft hat er eine dynamische Körpersprache, einen festen Blick und eine schnelle,

entschlossene Art. Seine Stimme klingt bestimmt, sein Auftreten ist selbstsicher.

Alltagsbeispiel:
Du bist auf einer Party, überlegst noch, ob du tanzen sollst – und plötzlich steht er vor dir, reicht dir die Hand und sagt: „Komm, wir tanzen!“ Ohne Diskussion, einfach machen. Oder du stehst an der Kasse, und er lässt einen lockeren Spruch fallen, der dich zum Lachen bringt – und schon seid ihr im Gespräch.

Typische Gesprächssituationen:
Er wird dich fragen, was du wirklich willst, und dich vielleicht spielerisch herausfordern. Er liebt es, wenn du ihm Paroli bietest, aber auch, wenn du dich von ihm mitreißen lässt.

Warnsignale:
Wenn er zu dominant wird, dich ständig antreibt oder deine Grenzen nicht respektiert, kann es ungesund werden. Achte darauf, dass seine Energie dich inspiriert – nicht überrollt. Ein unausgeglichener Widder-Deszendent-Typ kann schnell ungeduldig werden und Konflikte provozieren.

Tipp, um ihn anzuziehen:
Sei offen für spontane Einladungen und lass dich auf kleine Abenteuer ein. Zeige, dass du bereit bist, Neues auszuprobieren. Dein Widder-Deszendent-Typ liebt es, wenn du mitziehst und dich von seiner Energie anstecken lässt. Gleichzeitig solltest du deine eigenen Grenzen klar kommunizieren – er respektiert Menschen, die wissen, was sie wollen.

Deszendent Stier – Die sinnliche Sicherheit

Liebessprache: Beständigkeit, Genuss, körperliche Nähe

Wenn dein Deszendent im Stier steht, zieht dich ein Mensch an, der Ruhe, Stabilität und Sinnlichkeit ausstrahlt. Du fühlst dich zu Menschen hingezogen, die geerdet sind, das Leben genießen und dir ein Gefühl von Sicherheit geben. Der Stier-Typ ist kein Mensch für hektische Spielchen – er liebt das Beständige, das Verlässliche und das, was man mit allen Sinnen genießen kann.

Psychologischer Hintergrund:
Der Stier-Deszendent zeigt oft, dass du in Beziehungen mehr Erdung, Beständigkeit und innere Ruhe brauchst. Vielleicht bist du selbst eher unruhig, wechselhaft oder ständig auf der Suche nach Neuem – und genau deshalb fasziniert dich jemand, der dir das Gefühl gibt: „Hier kannst du ankommen." Der Stier-Typ verkörpert für dich das Versprechen, dass Liebe nicht immer Drama sein muss, sondern auch sanft, konstant und nährend sein kann.

Wie er sich in Beziehungen verhält:
Ein Stier-Deszendent-Typ liebt Rituale und Beständigkeit. Er zeigt seine Liebe oft durch kleine, verlässliche Gesten: Er bringt dir deinen Lieblingskaffee, legt dir eine Decke über die Schultern, wenn dir kalt ist, oder plant ein gemeinsames Abendessen. Er ist körperlich sehr präsent – Berührungen, Umarmungen und Nähe sind für ihn essenziell. Er ist kein Freund von überstürzten Entscheidungen, sondern baut Beziehungen Schritt für Schritt auf. Er ist treu und loyal, aber auch besitzergreifend, wenn er sich unsicher fühlt.

Stärken:

- Treue und Verlässlichkeit
- Geduld und Ausdauer
- Sinn für Schönheit, Genuss und Qualität
- Fähigkeit, eine stabile Basis zu schaffen

Herausforderungen:

- Sturheit und Festhalten an Gewohntem
- Besitzdenken
- Manchmal zu wenig Veränderungsbereitschaft
- Gefahr, in Routine zu erstarren

Wie die Anziehung im Alltag entsteht:
Du könntest ihm an Orten begegnen, die mit Genuss, Natur oder Kunst zu tun haben: im Café, auf einem Wochenmarkt, in einer Gärtnerei, bei einem Konzert oder in einer Kunstausstellung. Er fällt dir auf, weil er eine ruhige, fast magnetische Ausstrahlung hat. Er wirkt nicht, als würde er sich beeilen – er nimmt sich Zeit für den Moment. Vielleicht ist er derjenige, der im Restaurant nicht nur das Essen genießt, sondern auch die Atmosphäre, die Musik, das Gespräch.

So erkennst du ihn:
Er liebt gutes Essen, schöne Dinge und hat oft eine warme, beruhigende Ausstrahlung. Seine Stimme ist oft angenehm und tief, sein Auftreten unaufgeregt und beständig. Er trägt vielleicht Kleidung aus hochwertigen Materialien, achtet auf Details und hat einen sicheren, festen Händedruck. Er ist nicht der Lauteste im Raum – aber wenn er spricht, hört man zu.

Alltagsbeispiel:
Du stehst in einem kleinen Feinkostladen und überlegst, welchen Käse du kaufen sollst. Er steht neben dir, probiert gerade ein Stück und sagt mit einem Lächeln: „Der hier ist unglaublich – wollen Sie mal probieren?" Oder du bist auf einer Gartenparty, und während andere herumwuseln, sitzt er entspannt im Schatten, genießt ein Glas Wein und beobachtet das Geschehen – bis er dich zu sich winkt.

Typische Gesprächssituationen:
Er spricht gern über sinnliche Erlebnisse: gutes Essen, Reisen, Musik, Natur. Er wird dich vielleicht fragen, was dir im Leben wirklich wichtig ist – und er hört aufmerksam zu. Er mag keine oberflächlichen Flirts, sondern sucht nach echter Verbindung.

Warnsignale:
Wenn er zu besitzergreifend wird oder Veränderungen blockiert, kann es einengend wirken. Ein unausgeglichener

Stier-Deszendent-Typ kann sehr stur sein und sich weigern, Kompromisse einzugehen. Achte darauf, dass seine Stabilität dich stärkt – und nicht festhält, wenn du dich entwickeln möchtest.

Tipp, um ihn anzuziehen:
Zeige, dass du Sinn für Genuss und Qualität hast. Lade ihn zu einem besonderen Essen ein, bringe ihm etwas Selbstgemachtes mit oder schlage einen Spaziergang in der Natur vor. Sei authentisch und vermeide Hektik – er spürt, wenn du innerlich gehetzt bist. Dein Stier-Deszendent-Typ liebt es, wenn er das Gefühl hat, dass ihr gemeinsam das Leben genießen könnt – ohne Eile, ohne Druck, einfach im Hier und Jetzt.

Deszendent Zwillinge – Die inspirierende Leichtigkeit

Liebessprache: Kommunikation, Humor, geistige Anregung

Wenn dein Deszendent in den Zwillingen steht, zieht dich ein Mensch an, der dich zum Lachen bringt, mit dir stundenlang reden kann und dich geistig wach hält.
Du fühlst dich zu Menschen hingezogen, die neugierig, vielseitig und immer in Bewegung sind – im Kopf wie im Leben.
Der Zwillinge-Typ bringt frischen Wind in deinen Alltag und erinnert dich daran, dass Leichtigkeit und Spaß genauso wichtig sind wie Tiefe.

Psychologischer Hintergrund:
Der Zwillinge-Deszendent zeigt oft, dass du mehr Flexibilität, Offenheit und spielerische Neugier in dein Leben lassen darfst. Vielleicht bist du selbst eher ernst, planend oder sicherheitsorientiert – und genau deshalb fasziniert dich jemand, der spontan, kommunikativ und voller Ideen ist.

Er verkörpert für dich die Freiheit, nicht alles so schwer zu nehmen und den Moment zu genießen.

Wie er sich in Beziehungen verhält:
Ein Zwillinge-Deszendent-Typ liebt es, Neues zu entdecken – ob Orte, Menschen oder Themen.
Er ist ein Meister der Kommunikation, flirtet gern mit Worten und hält die Beziehung lebendig durch Gespräche, Witze und spontane Unternehmungen.
Er braucht Abwechslung und geistige Stimulation – Routine kann ihn schnell langweilen.
Er ist oft verspielt, manchmal auch ein wenig unbeständig, aber immer charmant.

Stärken:

- Humor und Leichtigkeit
- Vielseitigkeit und Anpassungsfähigkeit
- Neugier und Offenheit
- Fähigkeit, dich geistig zu inspirieren

Herausforderungen:

- Unbeständigkeit
- Oberflächlichkeit
- Schwierigkeiten, sich festzulegen
- Neigung, zu viel gleichzeitig zu wollen

Wie die Anziehung im Alltag entsteht:
Du könntest ihm an Orten begegnen, an denen Menschen ins Gespräch kommen: in einem Café, bei einem Workshop, auf einer Party, in einem Buchladen oder sogar in der Warteschlange.
Er fällt dir auf, weil er sofort eine Bemerkung macht, die dich zum Lachen bringt, oder weil er mit Leichtigkeit von einem Thema zum nächsten springt.

So erkennst du ihn:
Er hat oft ein waches, lebendiges Gesicht, schnelle Gesten und eine offene Körpersprache.
Seine Augen funkeln, wenn er spricht, und er wechselt mühelos zwischen ernsten und lustigen Themen.
Er kennt viele Leute und scheint überall jemanden zu treffen, den er kennt.

Alltagsbeispiel:
Du stehst im Supermarkt und überlegst, welche Pasta du kaufen sollst. Er steht neben dir, schaut auf deine Auswahl und sagt: „Die ist gut – aber nur, wenn du sie mit frischem Basilikum machst."
Schon seid ihr im Gespräch über Rezepte, Reisen nach Italien und eure Lieblingsrestaurants.

Typische Gesprächssituationen:
Er wird dich nach deiner Meinung zu aktuellen Themen fragen, dir Anekdoten erzählen und dich vielleicht spielerisch necken.
Er liebt es, wenn du mit ihm lachst und seine Gedankensprünge mitgehst.

Warnsignale:
Wenn er sich nicht festlegen will oder ständig abgelenkt ist, kann es schwierig werden, eine tiefe Verbindung aufzubauen.
Ein unausgeglichener Zwillinge-Typ kann oberflächlich wirken oder zu sehr im Flirtmodus bleiben.

Tipp, um ihn anzuziehen:
Zeige Interesse an vielen Themen, sei offen für spontane Gespräche und bringe Humor ins Spiel.
Dein Zwillinge-Deszendent-Typ liebt es, wenn er mit dir lachen und Neues entdecken kann – im Kopf und im Leben.

Deszendent Krebs – Die emotionale Geborgenheit

Liebessprache: Fürsorge, emotionale Nähe, Zärtlichkeit

Wenn dein Deszendent im Krebs steht, zieht dich ein Mensch an, der dir ein Gefühl von Zuhause gibt.
Du fühlst dich zu Menschen hingezogen, die warmherzig, beschützend und empathisch sind.
Der Krebs-Typ erinnert dich daran, dass Liebe nicht nur Leidenschaft, sondern auch Geborgenheit bedeutet.

Psychologischer Hintergrund:
Der Krebs-Deszendent zeigt oft, dass du mehr emotionale Tiefe, Fürsorge und innere Sicherheit in dein Leben lassen darfst.
Vielleicht bist du selbst eher unabhängig, rational oder zurückhaltend mit Gefühlen – und genau deshalb fasziniert dich jemand, der dich emotional öffnet.
Er verkörpert für dich das Gefühl, angekommen zu sein.

Wie er sich in Beziehungen verhält:
Ein Krebs-Deszendent-Typ ist fürsorglich, aufmerksam und sensibel für deine Bedürfnisse.
Er zeigt seine Liebe durch kleine Gesten: Er kocht für dich, hört dir zu, wenn es dir schlecht geht, und erinnert sich an Details, die dir wichtig sind.
Er braucht emotionale Nähe und Sicherheit – Distanz oder Kälte verletzen ihn schnell.

Stärken:

- Empathie und Mitgefühl
- Loyalität und Hingabe
- Tiefe emotionale Bindung
- Fähigkeit, Geborgenheit zu schenken

Herausforderungen:

- Launenhaftigkeit
- Überempfindlichkeit
- Neigung, sich zurückzuziehen
- Manchmal zu viel Klammern

Wie die Anziehung im Alltag entsteht:
Du könntest ihm in einem gemütlichen Café, bei einem Kochkurs, in einem Buchladen oder bei einer Familienfeier begegnen.
Er fällt dir auf, weil er sich um andere kümmert – vielleicht bringt er jemandem einen Tee oder fragt, ob alles in Ordnung ist.

So erkennst du ihn:
Er hat oft eine sanfte Stimme, einen warmen Blick und eine ruhige, einladende Ausstrahlung.
Seine Körpersprache ist offen, und er neigt dazu, sich leicht nach vorn zu beugen, wenn er zuhört.

Alltagsbeispiel:
Du erzählst in einer Gruppe, dass du einen stressigen Tag hattest. Er ist der Erste, der fragt: „Möchtest du darüber reden?" – und er hört dir wirklich zu.
Vielleicht bietet er dir sogar an, dich nach Hause zu fahren oder dir etwas zu kochen.

Typische Gesprächssituationen:
Er wird dich nach deinen Gefühlen fragen, nach deiner Familie, nach dem, was dir wichtig ist.
Er interessiert sich für deine Vergangenheit und möchte wissen, was dich geprägt hat.

Warnsignale:
Wenn er zu sehr klammert oder dich emotional unter Druck setzt, kann es erdrückend werden.
Ein unausgeglichener Krebs-Typ kann passiv-aggressiv reagieren oder sich beleidigt zurückziehen.

Tipp, um ihn anzuziehen:
Zeige deine weiche Seite, teile persönliche Geschichten und sei offen für emotionale Gespräche.
Dein Krebs-Deszendent-Typ liebt es, wenn er das Gefühl hat, dich beschützen und dir Geborgenheit geben zu können.

Deszendent Löwe – Die strahlende Bühne

Liebessprache: Bewunderung, Großzügigkeit, Leidenschaft

Wenn dein Deszendent im Löwen steht, zieht dich ein Mensch an, der Charisma, Selbstbewusstsein und Lebensfreude ausstrahlt.
Du fühlst dich zu Menschen hingezogen, die eine warme, großzügige Ausstrahlung haben und dich mit ihrer Begeisterung anstecken.
Der Löwe-Typ erinnert dich daran, dass Liebe auch ein Fest sein darf – voller Freude, Kreativität und gegenseitiger Wertschätzung.

Psychologischer Hintergrund:
Der Löwe-Deszendent zeigt oft, dass du mehr Selbstvertrauen, Ausdruckskraft und Lebenslust in dein Leben lassen darfst.
Vielleicht bist du selbst eher zurückhaltend oder vorsichtig – und genau deshalb fasziniert dich jemand, der sich traut, im Mittelpunkt zu stehen und sein Licht strahlen zu lassen.
Er verkörpert für dich die Erlaubnis, dich zu zeigen und dich selbst zu feiern.

Wie er sich in Beziehungen verhält:
Ein Löwe-Deszendent-Typ liebt es, seine Zuneigung großzügig zu zeigen – durch Geschenke, Komplimente, große Gesten oder besondere Erlebnisse.
Er ist leidenschaftlich, loyal und beschützend.
Er möchte, dass du dich besonders fühlst, und er erwartet im Gegenzug Anerkennung und Bewunderung.
Er liebt es, wenn ihr gemeinsam etwas unternehmt, das euch beide strahlen lässt – ob ein schickes Dinner, ein Konzert oder ein kreatives Projekt.

Stärken:

- Wärme und Großzügigkeit
- Kreativität und Lebensfreude
- Loyalität und Beschützerinstinkt
- Fähigkeit, dich zu inspirieren und zu motivieren

Herausforderungen:

- Eitelkeit oder Bedürfnis nach ständiger Bestätigung
- Dominanz
- Neigung, Drama zu erzeugen, wenn er sich nicht gesehen fühlt
- Manchmal zu sehr auf äußere Wirkung bedacht

Wie die Anziehung im Alltag entsteht:
Du könntest ihm bei gesellschaftlichen Anlässen begegnen – auf einer Feier, bei einem Event, im Theater oder in einem schicken Restaurant.
Er fällt dir auf, weil er eine besondere Ausstrahlung hat – er betritt den Raum und zieht Blicke auf sich.
Vielleicht ist er derjenige, der eine Geschichte erzählt, bei der alle lachen, oder der charmant mit dem Kellner plaudert.

So erkennst du ihn:
Er kleidet sich oft auffällig oder geschmackvoll, hat eine offene, selbstbewusste Körperhaltung und einen warmen Blick. Seine Stimme ist oft klangvoll, und er spricht mit Überzeugung.
Er sucht Blickkontakt und lächelt gern.

Alltagsbeispiel:
Du bist auf einer Hochzeit und stehst etwas abseits. Er kommt auf dich zu, macht dir ein charmantes Kompliment zu deinem Outfit und fragt, ob er dich zum Tanzen entführen darf.
Oder du bist in einer Galerie, und er spricht dich auf ein Kunstwerk an – mit einer Mischung aus Humor und Leidenschaft.

Typische Gesprächssituationen:
Er wird dich nach deinen Träumen fragen, dir von seinen Projekten erzählen und dich vielleicht in eine lebhafte Diskussion verwickeln.
Er liebt es, wenn du ihm Anerkennung zeigst und seine Begeisterung teilst.

Warnsignale:
Wenn er zu sehr Bestätigung braucht oder versucht, dich zu überstrahlen, kann es anstrengend werden.
Ein unausgeglichener Löwe-Typ kann schnell gekränkt reagieren, wenn er sich nicht genug beachtet fühlt.

Tipp, um ihn anzuziehen:
Zeige Wertschätzung für seine Talente, lobe seine Ideen und sei offen für gemeinsame Abenteuer.
Dein Löwe-Deszendent-Typ liebt es, wenn er das Gefühl hat, dass ihr zusammen ein „Power-Team" seid, das das Leben feiert.

Deszendent Jungfrau – Die verlässliche Ordnung

Liebessprache: Hilfsbereitschaft, Verlässlichkeit, praktische Unterstützung

Wenn dein Deszendent in der Jungfrau steht, zieht dich ein Mensch an, der dir Struktur, Unterstützung und Stabilität gibt. Du fühlst dich zu Menschen hingezogen, die aufmerksam, organisiert und hilfsbereit sind – Menschen, die dir im Alltag den Rücken stärken.

Psychologischer Hintergrund:
Der Jungfrau-Deszendent zeigt oft, dass du mehr Struktur, Klarheit und praktische Lösungen in dein Leben lassen darfst. Vielleicht bist du selbst eher kreativ, chaotisch oder spontan – und genau deshalb fasziniert dich jemand, der Ordnung schafft und dir hilft, deine Pläne umzusetzen.
Er verkörpert für dich die Sicherheit, dass jemand an deiner Seite ist, der mitdenkt und dich unterstützt.

Wie er sich in Beziehungen verhält:
Ein Jungfrau-Deszendent-Typ zeigt seine Liebe oft durch Taten statt Worte.
Er achtet auf Details, merkt sich, wie du deinen Kaffee trinkst, oder repariert etwas, das kaputt ist.
Er ist zuverlässig, pünktlich und verantwortungsbewusst.
Er kann kritisch sein – meist, weil er möchte, dass alles gut läuft.

Stärken:

- Verantwortungsbewusstsein
- Hilfsbereitschaft
- Genauigkeit und Organisationstalent
- Fähigkeit, Probleme praktisch zu lösen

Herausforderungen:

- Kritikfreude
- Perfektionismus
- Manchmal zu wenig Spontaneität
- Gefahr, sich zu sehr in Details zu verlieren

Wie die Anziehung im Alltag entsteht:
Du könntest ihm an Orten begegnen, an denen Organisation oder Präzision gefragt ist – in einem Kurs, bei der Arbeit, in einer Bibliothek oder sogar im Supermarkt, wenn er sorgfältig Produkte vergleicht.
Er fällt dir auf, weil er aufmerksam ist und kleine Dinge bemerkt, die anderen entgehen.

So erkennst du ihn:
Er wirkt gepflegt, ordentlich und hat oft eine ruhige, konzentrierte Ausstrahlung.
Seine Kleidung ist funktional, aber geschmackvoll.
Er hat einen klaren Blick und eine aufmerksame Körpersprache.

Alltagsbeispiel:
Du erzählst, dass dein Fahrrad kaputt ist – und er bietet sofort an, es zu reparieren oder dir eine gute Werkstatt zu empfehlen.
Oder du bist auf einer Veranstaltung, und er sorgt unauffällig dafür, dass alles reibungslos läuft.

Typische Gesprächssituationen:
Er wird dich nach deinen Plänen fragen, dir Tipps geben oder dir helfen, eine Entscheidung zu treffen.
Er liebt es, wenn er dir nützlich sein kann.

Warnsignale:
Wenn er zu kritisch wird oder versucht, dich zu sehr zu „optimieren", kann es belastend werden.
Ein unausgeglichener Jungfrau-Typ kann sich in Kleinigkeiten verlieren und das große Ganze aus den Augen verlieren.

Tipp, um ihn anzuziehen:
Zeige, dass du seine Hilfe schätzt, und erkenne seine Bemühungen an.
Dein Jungfrau-Deszendent-Typ liebt es, wenn er das Gefühl hat, dass er dir das Leben leichter machen kann – und dass du das siehst.

Deszendent Waage – Die harmonische Verbindung

Liebessprache: Romantik, Ausgleich, Schönheit

Wenn dein Deszendent in der Waage steht, zieht dich ein Mensch an, der charmant, diplomatisch und stilvoll ist.
Du fühlst dich zu Menschen hingezogen, die Harmonie schaffen, Konflikte ausgleichen und das Schöne im Leben zu schätzen wissen.
Der Waage-Typ erinnert dich daran, dass Liebe nicht Kampf bedeuten muss, sondern auch Leichtigkeit, Ästhetik und gegenseitige Rücksichtnahme.

Psychologischer Hintergrund:
Der Waage-Deszendent zeigt oft, dass du mehr Ausgleich, Kooperation und Schönheit in dein Leben lassen darfst.
Vielleicht bist du selbst eher direkt, impulsiv oder kämpferisch – und genau deshalb fasziniert dich jemand, der sanft, verbindend und diplomatisch ist.
Er verkörpert für dich die Kunst, Beziehungen als

harmonische Partnerschaften zu gestalten, in denen beide gewinnen.

Wie er sich in Beziehungen verhält:
Ein Waage-Deszendent-Typ liebt es, Zeit zu zweit zu verbringen – ob bei einem romantischen Abendessen, einem Spaziergang oder einem kulturellen Event.
Er achtet auf deine Bedürfnisse, sucht Kompromisse und möchte, dass ihr euch beide wohlfühlt.
Er ist aufmerksam, höflich und oft sehr charmant.
Er legt Wert auf Ästhetik – sowohl im eigenen Auftreten als auch in der Umgebung.

Stärken:

- Diplomatie und Taktgefühl
- Sinn für Schönheit und Stil
- Partnerschaftsorientierung
- Fähigkeit, Konflikte zu entschärfen

Herausforderungen:

- Unentschlossenheit
- Konfliktscheu
- Neigung, es allen recht machen zu wollen
- Gefahr, sich zu sehr anzupassen

Wie die Anziehung im Alltag entsteht:
Du könntest ihm bei gesellschaftlichen Anlässen begegnen – in einer Galerie, bei einem Konzert, in einem stilvollen Café oder bei einer Hochzeit.
Er fällt dir auf, weil er freundlich lächelt, Blickkontakt sucht und eine angenehme, einladende Ausstrahlung hat.
Vielleicht ist er derjenige, der dir den Stuhl zurechtrückt oder dir ein Kompliment macht, das ehrlich und wertschätzend klingt.

So erkennst du ihn:
Er ist gepflegt, geschmackvoll gekleidet und achtet auf Details. Seine Körpersprache ist offen, er neigt leicht den Kopf, wenn er zuhört, und er lächelt oft.
Er spricht in einem ruhigen, angenehmen Tonfall.

Alltagsbeispiel:
Du stehst in einer Buchhandlung und betrachtest einen Bildband. Er tritt neben dich, wirft einen Blick auf das Cover und sagt: „Das ist einer meiner Favoriten – die Fotografien sind unglaublich stimmungsvoll."
Schon seid ihr in ein Gespräch über Kunst, Reisen und Lieblingsorte vertieft.

Typische Gesprächssituationen:
Er wird dich nach deinen Vorlieben fragen, dir von schönen Erlebnissen erzählen und vielleicht gemeinsame Pläne vorschlagen.
Er liebt es, wenn ihr euch über Kultur, Design oder Lebensphilosophie austauscht.

Warnsignale:
Wenn er zu sehr darauf bedacht ist, Harmonie zu wahren, kann er wichtige Themen vermeiden.
Ein unausgeglichener Waage-Typ kann unentschlossen sein oder sich zu sehr nach anderen richten, statt eigene Bedürfnisse zu äußern.

Tipp, um ihn anzuziehen:
Zeige Interesse an schönen Dingen, sei offen für gemeinsame Unternehmungen und schätze seine Bemühungen um Harmonie.
Dein Waage-Deszendent-Typ liebt es, wenn er das Gefühl hat, dass ihr gemeinsam eine „schöne Welt" erschafft.

Deszendent Skorpion – Die magnetische Tiefe

Liebessprache: Intensität, Leidenschaft, emotionale Tiefe

Wenn dein Deszendent im Skorpion steht, zieht dich ein Mensch an, der geheimnisvoll, intensiv und transformierend wirkt.
Du fühlst dich zu Menschen hingezogen, die dich tief berühren, dich herausfordern und mit denen du eine fast magische Verbindung spürst.
Der Skorpion-Typ erinnert dich daran, dass wahre Nähe Mut erfordert – den Mut, sich ganz zu zeigen.

Psychologischer Hintergrund:
Der Skorpion-Deszendent zeigt oft, dass du mehr Tiefe, Ehrlichkeit und emotionale Intensität in dein Leben lassen darfst.
Vielleicht bist du selbst eher kontrolliert oder vorsichtig – und genau deshalb fasziniert dich jemand, der keine Angst vor den Abgründen der Seele hat.
Er verkörpert für dich die Kraft der Transformation durch Liebe.

Wie er sich in Beziehungen verhält:
Ein Skorpion-Deszendent-Typ liebt es, tief zu gehen – oberflächliche Flirts interessieren ihn nicht.
Er sucht absolute Ehrlichkeit und Loyalität.
Er ist leidenschaftlich, beschützend und manchmal besitzergreifend.
Er möchte dich ganz kennen – deine Stärken, deine Schwächen, deine Geheimnisse.

Stärken:

- Tiefe emotionale Bindung

- Loyalität und Hingabe
- Mut, schwierige Themen anzusprechen
- Transformationskraft in Beziehungen

Herausforderungen:

- Eifersucht
- Kontrollbedürfnis
- Neigung zu Machtspielen
- Manchmal zu intensiv für leichtere Gemüter

Wie die Anziehung im Alltag entsteht:
Du könntest ihm in intensiven, persönlichen Situationen begegnen – bei einem tiefgründigen Gespräch, in einem Workshop zu Selbsterkenntnis, bei einer spirituellen Veranstaltung oder sogar in einer Krisensituation.
Er fällt dir auf, weil sein Blick durchdringend ist und er eine Aura von Geheimnis und Stärke ausstrahlt.

So erkennst du ihn:
Er hat oft einen festen, tiefen Blick, spricht mit Überzeugung und hört sehr aufmerksam zu.
Seine Körpersprache ist ruhig, aber kraftvoll.
Er wirkt, als wüsste er mehr, als er sagt.

Alltagsbeispiel:
Du bist auf einer Feier und unterhältst dich mit jemandem über ein persönliches Thema. Er tritt dazu, hört zu und stellt dann eine Frage, die dich mitten ins Herz trifft – nicht unangenehm, sondern so, dass du dich wirklich gesehen fühlst.

Typische Gesprächssituationen:
Er wird dich nach deinen tiefsten Überzeugungen fragen, nach dem, was dich geprägt hat, und nach dem, was du vielleicht

noch nie jemandem erzählt hast.
Er liebt es, wenn du dich öffnest und authentisch bist.

Warnsignale:
Wenn er zu kontrollierend wird oder versucht, dich emotional zu manipulieren, ist Vorsicht geboten.
Ein unausgeglichener Skorpion-Typ kann sehr besitzergreifend sein und schwer loslassen.

Tipp, um ihn anzuziehen:
Sei bereit, dich auf tiefgründige Gespräche einzulassen und dich emotional zu zeigen.
Dein Skorpion-Deszendent-Typ liebt es, wenn er spürt, dass du keine Angst vor Nähe hast – und dass du bereit bist, mit ihm in die Tiefe zu gehen.

Deszendent Schütze – Die grenzenlose Freiheit

Liebessprache: Abenteuer, Optimismus, Inspiration

Wenn dein Deszendent im Schützen steht, zieht dich ein Mensch an, der dich zum Träumen bringt, dich inspiriert und dir neue Horizonte eröffnet.
Du fühlst dich zu Menschen hingezogen, die freiheitsliebend, optimistisch und wissbegierig sind.
Der Schütze-Typ erinnert dich daran, dass Liebe nicht nur Sicherheit, sondern auch Wachstum, Entdeckung und Abenteuer bedeutet.

Psychologischer Hintergrund:
Der Schütze-Deszendent zeigt oft, dass du mehr Weite, Sinnsuche und Lebensfreude in dein Leben lassen darfst.
Vielleicht bist du selbst eher vorsichtig, planend oder sicherheitsorientiert – und genau deshalb fasziniert dich jemand, der mutig neue Wege geht, Risiken eingeht und das

Leben als große Reise betrachtet.
Er verkörpert für dich die Freiheit, dich selbst zu entfalten und über deine bisherigen Grenzen hinauszuwachsen.

Wie er sich in Beziehungen verhält:
Ein Schütze-Deszendent-Typ liebt es, gemeinsam Neues zu erleben – ob Reisen, neue Hobbys oder tiefgründige Gespräche über das Leben.
Er ist ehrlich, manchmal direkt, und er braucht das Gefühl, dass die Beziehung ihn nicht einengt.
Er ist begeisterungsfähig, humorvoll und oft sehr inspirierend.
Er möchte, dass ihr euch gegenseitig motiviert, eure Träume zu verfolgen.

Stärken:

- Optimismus und Lebensfreude
- Offenheit für Neues
- Ehrlichkeit und Direktheit
- Inspirierende Ausstrahlung

Herausforderungen:

- Rastlosigkeit
- Unverbindlichkeit
- Neigung, zu viel auf einmal zu wollen
- Manchmal zu direkt in der Wortwahl

Wie die Anziehung im Alltag entsteht:
Du könntest ihm auf Reisen begegnen, bei einem Vortrag, in einem Sprachkurs, bei einer Outdoor-Aktivität oder in einem internationalen Umfeld.
Er fällt dir auf, weil er mit Begeisterung von seinen Erlebnissen erzählt oder weil er dich spontan in ein Gespräch über ein spannendes Thema verwickelt.

So erkennst du ihn:

Er hat oft eine offene, einladende Körpersprache, lacht viel und spricht mit Begeisterung.
Seine Augen leuchten, wenn er von seinen Plänen erzählt.
Er wirkt, als hätte er immer eine neue Geschichte parat.

Alltagsbeispiel:
Du sitzt im Zug und liest ein Buch über ein fernes Land. Er setzt sich dir gegenüber, bemerkt den Titel und sagt: „Da war ich letztes Jahr – es war unglaublich! Soll ich dir ein paar Tipps geben?“
Schon seid ihr in ein lebendiges Gespräch vertieft.

Typische Gesprächssituationen:
Er wird dich nach deinen Träumen fragen, dir von seinen Abenteuern erzählen und dich vielleicht zu einer spontanen Unternehmung einladen.
Er liebt es, wenn du seine Begeisterung teilst.

Warnsignale:
Wenn er sich nicht festlegen will oder ständig unterwegs ist, kann es schwierig werden, eine stabile Beziehung aufzubauen.
Ein unausgeglichener Schütze-Typ kann unzuverlässig wirken oder sich zu sehr auf seine eigenen Ziele konzentrieren.

Tipp, um ihn anzuziehen:
Zeige Offenheit für Neues, teile deine Träume und sei bereit, spontan zu sein.
Dein Schütze-Deszendent-Typ liebt es, wenn er das Gefühl hat, dass ihr gemeinsam die Welt entdecken könnt – im wörtlichen wie im übertragenen Sinn.

Deszendent Steinbock – Die stabile Basis

Liebessprache: Verantwortung, Zielstrebigkeit, Verlässlichkeit

Wenn dein Deszendent im Steinbock steht, zieht dich ein Mensch an, der dir Sicherheit gibt, Verantwortung übernimmt und mit dem du langfristige Pläne schmieden kannst.
Du fühlst dich zu Menschen hingezogen, die diszipliniert, zuverlässig und zielorientiert sind.
Der Steinbock-Typ erinnert dich daran, dass Liebe auch Beständigkeit, Struktur und gemeinsame Werte bedeutet.

Psychologischer Hintergrund:
Der Steinbock-Deszendent zeigt oft, dass du mehr Struktur, Disziplin und langfristige Perspektiven in dein Leben lassen darfst.
Vielleicht bist du selbst eher spontan, kreativ oder unstrukturiert – und genau deshalb fasziniert dich jemand, der klare Ziele hat und konsequent darauf hinarbeitet.
Er verkörpert für dich die Sicherheit, dass jemand an deiner Seite ist, der auch in schwierigen Zeiten standhaft bleibt.

Wie er sich in Beziehungen verhält:
Ein Steinbock-Deszendent-Typ zeigt seine Liebe oft durch Verlässlichkeit und Taten.
Er ist nicht unbedingt der überschwängliche Romantiker, aber er ist da, wenn du ihn brauchst.
Er plant gern voraus, übernimmt Verantwortung und achtet darauf, dass die Beziehung auf einem soliden Fundament steht.
Er kann ernst wirken, hat aber oft einen trockenen Humor, der dich überrascht.

Stärken:

- Verantwortungsbewusstsein
- Ausdauer und Disziplin

- Loyalität
- Fähigkeit, Stabilität zu schaffen

Herausforderungen:

- Strenge oder emotionale Zurückhaltung
- Neigung, Arbeit oder Pflichten über Gefühle zu stellen
- Manchmal zu wenig Spontaneität
- Gefahr, zu kontrollierend zu wirken

Wie die Anziehung im Alltag entsteht:
Du könntest ihm in beruflichen Kontexten begegnen, bei einer Weiterbildung, in einem Verein oder an Orten, an denen Verantwortung gefragt ist.
Er fällt dir auf, weil er ruhig, konzentriert und zielgerichtet wirkt.

So erkennst du ihn:
Er hat oft eine aufrechte Körperhaltung, einen festen Händedruck und einen klaren Blick.
Seine Kleidung ist meist klassisch und gepflegt.
Er spricht überlegt und hört aufmerksam zu.

Alltagsbeispiel:
Du bist bei einer ehrenamtlichen Veranstaltung, und er ist derjenige, der alles organisiert, den Überblick behält und dafür sorgt, dass alles reibungslos läuft.
Oder du triffst ihn in einem Meeting, wo er mit wenigen Worten eine klare Richtung vorgibt.

Typische Gesprächssituationen:
Er wird dich nach deinen Zielen fragen, dir von seinen Projekten erzählen und vielleicht über Werte und Lebensplanung sprechen.
Er liebt es, wenn er merkt, dass du ebenfalls Ziele hast.

Warnsignale:
Wenn er zu kontrollierend wird oder zu sehr auf Pflichten fokussiert ist, kann es an Leichtigkeit fehlen.
Ein unausgeglichener Steinbock-Typ kann distanziert wirken oder Gefühle zu sehr zurückhalten.

Tipp, um ihn anzuziehen:
Zeige, dass du verlässlich bist und ebenfalls Ziele hast.
Dein Steinbock-Deszendent-Typ liebt es, wenn er das Gefühl hat, dass ihr gemeinsam etwas aufbauen könnt – Schritt für Schritt, mit Ausdauer und Vertrauen.

Deszendent Wassermann – Die inspirierende Freiheit

Liebessprache: Unabhängigkeit, Originalität, Freundschaft

Wenn dein Deszendent im Wassermann steht, zieht dich ein Mensch an, der unkonventionell denkt, dich inspiriert und dir Raum lässt, du selbst zu sein.
Du fühlst dich zu Menschen hingezogen, die freiheitsliebend, kreativ und ein wenig unberechenbar sind.
Der Wassermann-Typ erinnert dich daran, dass Liebe nicht Besitz, sondern gegenseitige Inspiration und Freiheit bedeuten kann.

Psychologischer Hintergrund:
Der Wassermann-Deszendent zeigt oft, dass du mehr Offenheit, Individualität und geistige Freiheit in dein Leben lassen darfst.
Vielleicht bist du selbst eher traditionsbewusst oder vorsichtig – und genau deshalb fasziniert dich jemand, der Regeln hinterfragt, neue Wege geht und sich nicht um Konventionen schert.

Er verkörpert für dich die Erlaubnis, dich von gesellschaftlichen Erwartungen zu lösen und deine eigene Wahrheit zu leben.

Wie er sich in Beziehungen verhält:
Ein Wassermann-Deszendent-Typ ist oft zuerst dein Freund, dann dein Partner.
Er liebt es, gemeinsam Ideen zu entwickeln, Projekte zu starten oder über Zukunftsvisionen zu sprechen.
Er braucht Raum für sich und respektiert auch deinen.
Er ist loyal, aber nicht besitzergreifend – er möchte, dass ihr euch aus freiem Willen füreinander entscheidet, nicht aus Abhängigkeit.
Er kann überraschend romantisch sein, aber auf seine eigene, oft unkonventionelle Weise.

Stärken:

- Offenheit für Neues
- Kreativität und Erfindergeist
- Loyalität in Freundschaft und Partnerschaft
- Fähigkeit, dich zu inspirieren und zu ermutigen, du selbst zu sein

Herausforderungen:

- Distanziertheit
- Unberechenbarkeit
- Manchmal zu sehr im Kopf statt im Herzen
- Neigung, sich emotional zurückzuziehen, wenn es zu intensiv wird

Wie die Anziehung im Alltag entsteht:
Du könntest ihm in kreativen oder sozialen Kontexten begegnen – bei einem Workshop, in einer ehrenamtlichen Organisation, auf einem Festival oder in einem Café, in dem sich Künstler und Freigeister treffen.

Er fällt dir auf, weil er anders ist – vielleicht durch seinen Kleidungsstil, seine Ansichten oder die Art, wie er mit Menschen spricht.

So erkennst du ihn:
Er hat oft einen wachen, interessierten Blick, spricht leidenschaftlich über Themen, die ihm wichtig sind, und wirkt gleichzeitig entspannt.
Sein Stil kann unkonventionell sein – er trägt, was ihm gefällt, nicht, was „man" trägt.
Er liebt es, Menschen zu vernetzen und Ideen zu teilen.

Alltagsbeispiel:
Du bist auf einem Straßenfest und bleibst an einem Stand mit nachhaltigen Produkten stehen.
Er kommt dazu, erklärt dir begeistert, wie das Projekt entstanden ist, und lädt dich spontan zu einer Veranstaltung ein, bei der sich Gleichgesinnte treffen.

Typische Gesprächssituationen:
Er wird dich nach deinen Visionen fragen, dir von innovativen Projekten erzählen und dich vielleicht in eine Diskussion über gesellschaftliche Themen verwickeln.
Er liebt es, wenn du offen für neue Perspektiven bist.

Warnsignale:
Wenn er zu distanziert ist oder sich emotional entzieht, kann es schwierig werden, eine tiefe Bindung aufzubauen.
Ein unausgeglichener Wassermann-Typ kann zu sehr im Kopf leben und Gefühle rationalisieren.

Tipp, um ihn anzuziehen:
Zeige, dass du offen für neue Ideen bist, respektiere seine Freiheit und teile deine eigenen Visionen.
Dein Wassermann-Deszendent-Typ liebt es, wenn er das

Gefühl hat, dass ihr gemeinsam die Welt verändern könnt – auf eure ganz eigene Weise.

Deszendent Fische – Die sanfte Seele

Liebessprache: Mitgefühl, Romantik, spirituelle Nähe

Wenn dein Deszendent in den Fischen steht, zieht dich ein Mensch an, der dich versteht, ohne dass du viel erklären musst.
Du fühlst dich zu Menschen hingezogen, die sensibel, einfühlsam und oft ein wenig geheimnisvoll sind.
Der Fische-Typ erinnert dich daran, dass Liebe auch Hingabe, Vertrauen und das Verschmelzen zweier Seelen bedeuten kann.

Psychologischer Hintergrund:
Der Fische-Deszendent zeigt oft, dass du mehr Mitgefühl, Intuition und emotionale Tiefe in dein Leben lassen darfst.
Vielleicht bist du selbst eher rational, kontrolliert oder praktisch veranlagt – und genau deshalb fasziniert dich jemand, der dich in eine Welt der Gefühle, Träume und Fantasie entführt.
Er verkörpert für dich die Magie, die entsteht, wenn man sich fallen lässt.

Wie er sich in Beziehungen verhält:
Ein Fische-Deszendent-Typ ist romantisch, hingebungsvoll und sehr empathisch.
Er spürt oft, wie es dir geht, bevor du es sagst.
Er liebt es, Zeit in einer „eigenen Welt“ mit dir zu verbringen – sei es bei langen Gesprächen, Spaziergängen oder kreativen Projekten.
Er kann sehr unterstützend sein, braucht aber auch selbst emotionale Sicherheit.

Stärken:

- Empathie und Mitgefühl
- Kreativität und Fantasie
- Romantische Hingabe
- Fähigkeit, tiefe emotionale Verbindungen zu schaffen

Herausforderungen:

- Realitätsflucht
- Unklarheit oder Unentschlossenheit
- Neigung, sich zu sehr anzupassen
- Gefahr, sich in den Gefühlen des anderen zu verlieren

Wie die Anziehung im Alltag entsteht:
Du könntest ihm an ruhigen, stimmungsvollen Orten begegnen – in einer Buchhandlung, bei einem Konzert, am Meer oder in einem Meditationskurs.
Er fällt dir auf, weil er eine sanfte, fast träumerische Ausstrahlung hat.

So erkennst du ihn:
Er hat oft einen weichen Blick, spricht leise und überlegt, und seine Körpersprache ist offen und einladend.
Er wirkt, als würde er in einer eigenen Welt leben – und lädt dich ein, daran teilzuhaben.

Alltagsbeispiel:
Du sitzt allein in einem Café und schreibst in dein Notizbuch.
Er kommt vorbei, lächelt und sagt: „Das sieht aus, als würdest du etwas Schönes schreiben."
Schon seid ihr in ein Gespräch über Kunst, Träume und das Leben vertieft.

Typische Gesprächssituationen:
Er wird dich nach deinen Träumen fragen, dir von seinen

Visionen erzählen und vielleicht über spirituelle oder philosophische Themen sprechen.
Er liebt es, wenn ihr euch auf einer tieferen, intuitiven Ebene versteht.

Warnsignale:
Wenn er zu sehr in Fantasien lebt oder Schwierigkeiten hat, Verantwortung zu übernehmen, kann es herausfordernd werden.
Ein unausgeglichener Fische-Typ kann sich in Abhängigkeiten verstricken oder sich emotional entziehen.

Tipp, um ihn anzuziehen:
Zeige deine einfühlsame Seite, teile deine Träume und sei offen für romantische, stille Momente.
Dein Fische-Deszendent-Typ liebt es, wenn er das Gefühl hat, dass ihr euch ohne Worte versteht – Herz zu Herz.

Kapitel 4 – Deinen Deszendenten anziehen: So geht's im Alltag

Deszendent Widder – Die Energie des Abenteurers

Der Widder-Deszendent bringt eine ganz besondere Dynamik in dein Liebesleben. Menschen, die dich anziehen, sind oft mutig, direkt und voller Tatendrang. Sie lieben es, Neues auszuprobieren, und scheuen keine Herausforderung. Sie sind die Macher, die Anpacker, die Menschen, die nicht lange zögern, sondern handeln.
Wenn du diese Energie bewusst in dein Leben einlädst, wirst du feststellen, dass Begegnungen mit diesem Typ Mensch nicht nur aufregend, sondern auch inspirierend sind.

Die psychologische Ebene Der Widder-Deszendent steht für den Wunsch nach Lebendigkeit und Spontaneität in Beziehungen. Du suchst jemanden, der dich aus deiner Komfortzone holt, dich motiviert und dir zeigt, dass das Leben voller Möglichkeiten steckt. Gleichzeitig kann diese Energie manchmal auch fordernd sein – Widder-Typen sind nicht immer geduldig, und sie erwarten oft, dass man mit ihrem Tempo mithalten kann.
Das bedeutet: Wenn du diesen Typ anziehen willst, solltest du selbst eine gewisse Offenheit für Neues mitbringen und keine Angst davor haben, dich auf spontane Situationen einzulassen.

Kleidung & Ausstrahlung Dein Look sollte Energie und Abenteuerlust ausstrahlen. Das heißt nicht, dass du ständig in Sportkleidung herumlaufen musst – aber ein Hauch von Dynamik darf sichtbar sein.

- **Farben:** Rot, Orange, kräftiges Gelb oder sportliches Blau.
- **Stil:** Sportlich-elegant, funktional, aber mit einem modischen Twist. Eine Lederjacke, eine coole Jeans, Sneakers oder robuste Boots passen perfekt.

- **Accessoires:** Sonnenbrillen, sportliche Uhren, Rucksäcke oder Caps können den Look abrunden.
  Wichtig ist, dass du dich in deiner Kleidung frei bewegen kannst – der Widder-Typ liebt Menschen, die bereit sind, jederzeit „loszusprinten".

Orte & Aktivitäten Widder-Typen findest du dort, wo Action ist.

- Sportevents (Laufveranstaltungen, Fußballspiele, Kletterhallen)
- Outdoor-Aktivitäten (Wandern, Mountainbiken, Kajakfahren)
- Abenteuerreisen oder spontane Wochenendtrips
- Workshops, bei denen man etwas Neues ausprobiert (z. B. Bogenschießen, Surfen, Tanzkurse mit viel Bewegung)
  Tipp: Wenn du selbst sportlich aktiv bist, ist das nicht nur gesund, sondern auch eine großartige Möglichkeit, diesen Typ Mensch ganz natürlich kennenzulernen.

Gesprächsthemen Widder-Typen lieben es, über ihre Ziele, Projekte und Abenteuer zu sprechen.

- Frag nach den größten Herausforderungen, die sie gemeistert haben.
- Teile deine eigenen mutigen Entscheidungen oder Erlebnisse.
- Sprich über Sport, Reisen, persönliche Erfolge oder Dinge, die dich begeistern.
  Wichtig: Sei direkt und ehrlich – Smalltalk ohne Substanz langweilt diesen Typ schnell.

Verhalten & Körpersprache

- **Sei präsent:** Widder-Typen merken sofort, wenn du mit den Gedanken woanders bist.
- **Zeige Begeisterung:** Lächle, halte Blickkontakt, reagiere spontan.
- **Sei mutig:** Sag „Ja" zu spontanen Ideen – auch wenn sie dich ein bisschen herausfordern.

- **Körpersprache:** Offen, aktiv, leicht nach vorne geneigt, als würdest du jederzeit bereit sein, loszulegen.

Praxisbeispiel Stell dir vor, du bist auf einer After-Work-Party und kommst mit jemandem ins Gespräch, der gerade von einem spontanen Wochenendtrip erzählt. Statt nur zu nicken, fragst du: „Wow, das klingt spannend – wie bist du darauf gekommen?"
Vielleicht erzählt er dir, dass er einfach Lust hatte, etwas Neues zu sehen, und am Freitagabend ins Auto gestiegen ist. Wenn du dann sagst: „Das klingt genau nach meinem Geschmack – ich liebe spontane Abenteuer!", öffnest du die Tür für eine tiefere Verbindung.

Fehler, die du vermeiden solltest

- Zu passiv wirken oder ständig „mal sehen" sagen.
- Zu lange überlegen, bevor du auf eine Einladung reagierst.
- Dich zu sehr zurückhalten – Widder-Typen mögen Menschen, die Initiative zeigen.

Mini-Challenge für dich In den nächsten 7 Tagen:

- Sag mindestens einmal spontan „Ja" zu einer Einladung oder Aktivität, die du nicht geplant hattest.
- Trage an einem Tag bewusst eine kräftige Farbe wie Rot oder Orange.
- Sprich mit einer fremden Person über ein Thema, das dich begeistert.

Deszendent Stier – Die sinnliche Ruhe

Der Stier-Deszendent bringt eine ganz besondere Qualität in dein Liebesleben: Er steht für Beständigkeit, Sinnlichkeit und das Bedürfnis nach Sicherheit. Menschen, die dich anziehen, sind oft bodenständig, verlässlich und haben ein feines Gespür für die schönen Dinge des Lebens. Sie sind Genießer – nicht nur im kulinarischen Sinn, sondern auch, wenn es um Natur, Musik, Kunst oder einfach gemütliche Momente geht.

Wenn du diese Energie bewusst in dein Leben einlädst, wirst du feststellen, dass Begegnungen mit diesem Typ Mensch dir ein Gefühl von „Ankommen“ geben können. Es sind Menschen, die dir Stabilität schenken und gleichzeitig deine Sinne verwöhnen.

Die psychologische Ebene

Der Stier-Deszendent steht für den Wunsch nach Ruhe, Beständigkeit und einer tiefen, sinnlichen Verbindung. Du suchst jemanden, der dir das Gefühl gibt, dass du dich fallen lassen kannst – ohne Angst, dass er morgen schon wieder verschwunden ist.
Dieser Typ Mensch ist oft geduldig, loyal und hat eine beruhigende Ausstrahlung. Er ist kein Freund von überstürzten Entscheidungen, sondern baut Beziehungen Schritt für Schritt auf.

Das bedeutet: Wenn du diesen Typ anziehen willst, solltest du selbst eine gewisse Erdung ausstrahlen und zeigen, dass du Verlässlichkeit schätzt. Hektik, ständige Planänderungen oder zu viel Drama wirken hier eher abschreckend.

Kleidung & Ausstrahlung

Dein Look sollte Wärme, Natürlichkeit und Sinnlichkeit ausstrahlen.

- **Farben:** Erd- und Naturtöne wie Beige, Braun, Olivgrün, Creme oder sanftes Rosé.
- **Stil:** Bequem, aber gepflegt. Kleidung, die sich gut anfühlt – weiche Stoffe wie Baumwolle, Kaschmir oder Leinen.
- **Accessoires:** Schlichte, hochwertige Stücke – eine schöne Ledertasche, ein Seidenschal, ein dezentes Schmuckstück.

- **Duft:** Ein warmer, natürlicher Duft mit Noten von Vanille, Sandelholz oder Zimt kann hier besonders anziehend wirken.

Wichtig: Der Stier-Typ achtet auf Details. Gepflegte Hände, saubere Schuhe und ein harmonisches Gesamtbild sind hier entscheidend.

Orte & Aktivitäten

Stier-Typen findest du dort, wo Genuss und Natur im Mittelpunkt stehen:

- Bauern- und Wochenmärkte
- Weinproben oder Kochkurse
- Botanische Gärten oder Parks
- Gemütliche Cafés mit hausgemachten Spezialitäten
- Kunsthandwerksmärkte oder kleine Galerien
- Picknicks im Grünen
- Wellness- oder Spa-Besuche

Tipp: Wenn du selbst gerne kochst oder bäckst, lade Freunde zu einem entspannten Abend ein – Stier-Typen lieben es, in einer warmen, einladenden Atmosphäre neue Menschen kennenzulernen.

Gesprächsthemen

Stier-Typen sprechen gerne über Dinge, die sie genießen oder die ihnen wichtig sind.

- Kulinarik: Lieblingsgerichte, besondere Restaurants, Rezepte
- Natur: Ausflüge, Gärten, Pflanzen
- Musik: Lieblingsbands, Konzerterlebnisse
- Handwerk oder Kunst: Dinge, die mit Liebe zum Detail gemacht sind
- Lebensqualität: Wie man sich ein schönes Zuhause schafft, kleine Alltagsfreuden

Wichtig: Sei authentisch. Übertreibungen oder Angeberei wirken hier eher abstoßend. Lieber ehrlich sagen: „Ich liebe es, am Wochenende einfach gemütlich zu frühstücken und den Tag langsam zu starten."

Verhalten & Körpersprache

- **Sei präsent:** Höre aufmerksam zu, unterbrich nicht ständig.
- **Zeige Ruhe:** Sprich in einem angenehmen Tempo, vermeide Hektik.
- **Sinnlichkeit:** Das bedeutet nicht, sofort körperlich zu werden – sondern, dass du mit allen Sinnen im Moment bist. Genieße dein Essen, deinen Kaffee, den Duft der Blumen – und lass es dein Gegenüber sehen.
- **Körpersprache:** Offene, entspannte Haltung. Ein sanftes Lächeln, ruhige Gesten, Blickkontakt ohne zu starren.

Praxisbeispiel

Du bist auf einem kleinen Stadtfest und entdeckst einen Stand mit handgemachten Pralinen. Neben dir steht jemand, der ebenfalls probiert. Statt einfach zu nicken, sagst du: „Die schmecken unglaublich – fast wie bei meiner Oma früher."
Vielleicht erzählt dein Gegenüber, dass er selbst gerne kocht oder bäckt. Das ist deine Gelegenheit, nachzufragen: „Was ist dein Lieblingsgericht?"
So entsteht ein Gespräch, das sofort eine warme, persönliche Note hat – genau das, was Stier-Typen mögen.

Fehler, die du vermeiden solltest

- Zu viel Hektik oder ständiges Umplanen.
- Unbeständigkeit – heute so, morgen so.
- Übermäßige Kritik an Dingen, die anderen Freude machen.

- Zu viel Oberflächlichkeit – Stier-Typen wollen Substanz.

Mini-Challenge für dich

In den nächsten 7 Tagen:

1. Plane einen bewussten Genussmoment pro Tag – und teile ihn mit jemandem (z. B. ein Foto von deinem selbstgemachten Essen oder ein Tipp für ein schönes Café).
2. Trage an einem Tag bewusst warme Naturtöne und achte darauf, wie sich deine Ausstrahlung verändert.
3. Gehe an einen Ort, an dem Genuss im Mittelpunkt steht – und komm mit mindestens einer Person ins Gespräch.

Merke:
Der Stier-Deszendent lehrt dich, dass wahre Anziehung oft in der Ruhe liegt. Wenn du Gelassenheit, Genuss und Beständigkeit ausstrahlst, ziehst du genau die Menschen an, die dir ein Gefühl von Sicherheit und Geborgenheit geben.

Deszendent Zwillinge – Die Leichtigkeit des Austauschs

Der Zwillinge-Deszendent bringt eine frische, lebendige Energie in dein Liebesleben. Menschen, die dich anziehen, sind kommunikativ, neugierig und vielseitig interessiert. Sie lieben es, sich auszutauschen, Neues zu lernen und die Welt aus unterschiedlichen Blickwinkeln zu betrachten. Mit ihnen wird es selten langweilig – sie bringen Abwechslung, Humor und oft auch eine gewisse jugendliche Unbeschwertheit in dein Leben.

Wenn du diese Energie bewusst in dein Leben einlädst, wirst du feststellen, dass Begegnungen mit diesem Typ Mensch dich geistig anregen und dir helfen, die Welt mit offeneren Augen zu sehen.

Die psychologische Ebene

Der Zwillinge-Deszendent steht für den Wunsch nach geistiger Verbindung. Du suchst jemanden, der dich inspiriert, mit dem du lachen, diskutieren und Ideen austauschen kannst. Dieser Typ Mensch ist oft spontan, flexibel und liebt es, neue Eindrücke zu sammeln. Er ist selten lange an einem Ort oder bei einem Thema – und genau das macht ihn so spannend.

Das bedeutet: Wenn du diesen Typ anziehen willst, solltest du selbst Offenheit, Neugier und Gesprächsfreude ausstrahlen. Zu viel Ernsthaftigkeit oder ein zu starres Weltbild können hier eher abschreckend wirken.

Kleidung & Ausstrahlung

Dein Look darf Leichtigkeit und Verspieltheit ausstrahlen.

- **Farben:** Frische, helle Töne wie Gelb, Türkis, Hellblau oder Mint.
- **Stil:** Modern, jugendlich, mit kleinen, auffälligen Details – z. B. ein gemustertes Tuch, ein witziger Print oder ein ungewöhnliches Accessoire.
- **Accessoires:** Brillen (auch als Modeaccessoire), bunte Taschen, auffällige Ohrringe oder Armbänder.
- **Duft:** Frische, zitrische Noten wie Bergamotte, Grapefruit oder Minze passen perfekt.

Wichtig: Der Zwillinge-Typ liebt Abwechslung – du kannst also ruhig öfter mal deinen Stil variieren und zeigen, dass du wandelbar bist.

Orte & Aktivitäten

Zwillinge-Typen findest du dort, wo Kommunikation und Austausch im Mittelpunkt stehen:

- Lesungen, Buchmessen, Poetry Slams
- Sprach- oder Schreibkurse
- Stadtführungen oder Museumsnächte
- Straßenfeste, Flohmärkte, Food-Festivals
- Impro-Theater oder Comedy-Abende
- Networking-Events oder Meet-ups zu speziellen Interessen

Tipp: Wenn du selbst ein Hobby hast, das mit Sprache, Schreiben oder Lernen zu tun hat, ist das eine ideale Möglichkeit, diesen Typ Mensch ganz natürlich kennenzulernen.

Gesprächsthemen

Zwillinge-Typen lieben es, über alles Mögliche zu sprechen – von Alltagsbeobachtungen bis zu tiefgründigen Themen.

- Aktuelle Ereignisse oder Trends
- Reisen und interessante Orte
- Bücher, Filme, Serien
- Lustige oder ungewöhnliche Erlebnisse
- Ideen und Projekte, die dich begeistern

Wichtig: Halte das Gespräch lebendig. Wechsle Themen, stelle Fragen, höre zu und reagiere spontan. Lange Monologe oder zu ernste Diskussionen können den Zwillinge-Typ schnell langweilen.

Verhalten & Körpersprache

- **Sei offen:** Zeige echtes Interesse an deinem Gegenüber.
- **Sei lebendig:** Gestikuliere, lache, reagiere auf das Gesagte.
- **Sei flexibel:** Lass dich auf neue Themen oder spontane Ideen ein.
- **Körpersprache:** Offene Haltung, lebendige Mimik, Blickkontakt, der immer wieder spielerisch unterbrochen wird.

Praxisbeispiel

Du bist auf einem Straßenfest und entdeckst einen Stand mit exotischem Streetfood. Neben dir steht jemand, der ebenfalls neugierig probiert. Statt nur zu lächeln, sagst du: „Das schmeckt ja ganz anders, als ich erwartet habe – hast du schon mal so etwas gegessen?"
Vielleicht erzählt dein Gegenüber von einer Reise, auf der er ähnliche Gerichte probiert hat. Das ist deine Gelegenheit, nachzufragen: „Wo war das? Erzähl mal!"
So entsteht ein lockeres, lebendiges Gespräch – genau das, was Zwillinge-Typen lieben.

Fehler, die du vermeiden solltest

- Zu ernst oder zu verschlossen wirken.
- Gespräche dominieren, ohne dem anderen Raum zu geben.
- Themen zu lange auswalzen, ohne Abwechslung.
- Desinteresse an neuen Ideen oder Erfahrungen zeigen.

Mini-Challenge für dich

In den nächsten 7 Tagen:

1. Sprich jeden Tag mit einer fremden Person – egal ob im Café, im Bus oder im Park.
2. Lies einen Artikel oder ein Buch zu einem Thema, das du bisher nicht kanntest, und erzähle jemandem davon.
3. Besuche eine Veranstaltung, bei der du mit vielen neuen Menschen ins Gespräch kommen kannst.

Merke:
Der Zwillinge-Deszendent lehrt dich, dass Anziehung oft im Gespräch beginnt. Wenn du Leichtigkeit, Humor und Neugier ausstrahlst, ziehst du genau die Menschen an, die dich geistig beflügeln und dein Leben bunter machen.

Deszendent Krebs – Die Geborgenheit

Der Krebs-Deszendent bringt eine warme, einfühlsame und zutiefst emotionale Note in dein Liebesleben. Menschen, die dich anziehen, sind oft fürsorglich, sensibel und haben ein großes Herz. Sie sind die Seelen, die dich mit einem Blick verstehen, die dir das Gefühl geben, angekommen zu sein, und die dich in schwierigen Zeiten auffangen.

Diese Menschen sind oft familienorientiert, lieben Traditionen und haben ein starkes Bedürfnis nach emotionaler Nähe. Sie sind nicht unbedingt laut oder auffällig – ihre Stärke liegt in ihrer stillen Präsenz und in der Fähigkeit, eine Atmosphäre von Geborgenheit zu schaffen.

Wenn du diese Energie bewusst in dein Leben einlädst, wirst du feststellen, dass Begegnungen mit diesem Typ Mensch dir nicht nur emotionale Sicherheit geben, sondern dich auch dazu inspirieren, dich selbst mehr zu öffnen.

Die psychologische Ebene

Der Krebs-Deszendent steht für den Wunsch nach emotionaler Tiefe und echter Verbundenheit. Du suchst jemanden, der dich nicht nur auf der Oberfläche kennt, sondern der deine innersten Gefühle versteht – auch die, die du vielleicht nicht sofort zeigst.

Dieser Typ Mensch ist oft sehr intuitiv und spürt, wie es dir geht, ohne dass du es in Worte fassen musst. Er ist loyal, beschützend und bereit, Zeit und Energie in eine Beziehung zu investieren.

Das bedeutet: Wenn du diesen Typ anziehen willst, solltest du selbst Wärme, Empathie und Offenheit ausstrahlen. Menschen mit dieser Energie fühlen sich zu dir hingezogen, wenn sie spüren, dass du emotionale Nähe zulässt und nicht nur an der Oberfläche bleibst.

Kleidung & Ausstrahlung

Dein Look darf weich, einladend und harmonisch wirken.

- **Farben:** Sanfte Töne wie Creme, Hellblau, Rosé, Lavendel oder Pastellgrün.
- **Stil:** Bequem, aber gepflegt – Kleidung, die Wärme ausstrahlt, wie Strickpullover, weiche Schals oder fließende Stoffe.

- **Accessoires:** Persönliche Details wie ein Schmuckstück mit Bedeutung, ein Tuch, das eine Geschichte hat, oder ein Foto im Portemonnaie.
- **Duft:** Sanfte, warme Düfte mit Noten von Vanille, Rose oder Jasmin.

Wichtig: Der Krebs-Typ achtet auf das Gefühl, das du vermittelst. Dein Stil sollte nicht distanziert oder zu streng wirken, sondern Nähe signalisieren.

Orte & Aktivitäten

Krebs-Typen findest du dort, wo es um Gemeinschaft, Fürsorge und emotionale Themen geht:

- Familienfeiern oder Freundestreffen in kleiner Runde
- Kochabende oder gemeinsames Backen
- Wohltätigkeitsveranstaltungen oder ehrenamtliche Projekte
- Orte am Wasser – Seen, Flüsse, das Meer
- Kleine, gemütliche Cafés oder Teestuben
- Kreativ-Workshops wie Töpfern, Malen oder Handarbeiten

Tipp: Wenn du selbst gerne kochst oder bastelst, lade Menschen zu dir ein – Krebs-Typen lieben es, in einer warmen, persönlichen Atmosphäre neue Kontakte zu knüpfen.

Gesprächsthemen

Krebs-Typen sprechen gerne über Dinge, die ihnen am Herzen liegen.

- Familie und Kindheitserinnerungen
- Herzensprojekte oder Hobbys
- Emotionale Erlebnisse, die prägend waren
- Träume und Wünsche für die Zukunft
- Geschichten, die Wärme und Menschlichkeit zeigen

Wichtig: Sei authentisch. Übertriebene Dramen oder inszenierte Geschichten wirken hier eher abschreckend. Lieber ehrlich sagen: „Das hat mich damals wirklich berührt…“ – und offen teilen, was dich bewegt.

Verhalten & Körpersprache

- **Sei präsent:** Höre aufmerksam zu, nicke, bestätige.
- **Zeige Empathie:** Reagiere auf Emotionen, nicht nur auf Fakten.
- **Sei offen:** Teile auch eigene Gefühle – das schafft Vertrauen.
- **Körpersprache:** Offene, weiche Gesten, ein sanftes Lächeln, Blickkontakt, der Wärme vermittelt.

Krebs-Typen fühlen sich zu Menschen hingezogen, die nicht nur reden, sondern auch zuhören und mitschwingen.

Praxisbeispiel

Du bist bei einem Kochkurs und bereitest gerade ein Gericht zu. Neben dir steht jemand, der erzählt, dass er das Rezept von seiner Großmutter hat. Statt nur zu sagen „Klingt lecker“, fragst du: „Erzähl mir mehr von ihr – hat sie viel gekocht?“

Vielleicht erzählt dein Gegenüber von Familienessen, Festen und besonderen Momenten. Das ist deine Gelegenheit, eigene Erinnerungen zu teilen. So entsteht ein Gespräch, das sofort eine emotionale Tiefe hat – genau das, was Krebs-Typen schätzen.

Fehler, die du vermeiden solltest

- Zu distanziert oder kühl wirken.
- Gefühle herunterspielen oder ins Lächerliche ziehen.
- Zu sehr auf Oberflächlichkeiten fokussieren.

- Hektik oder ständige Ortswechsel – Krebs-Typen mögen Beständigkeit.

Mini-Challenge für dich

In den nächsten 7 Tagen:

1. Teile jeden Tag eine kleine persönliche Geschichte mit jemandem – etwas, das dich berührt hat.
2. Trage an einem Tag bewusst weiche, sanfte Farben und beobachte, wie Menschen reagieren.
3. Verbringe Zeit an einem Ort, der Geborgenheit ausstrahlt – und komm dort mit mindestens einer Person ins Gespräch.

Merke:
Der Krebs-Deszendent lehrt dich, dass wahre Anziehung oft in der Wärme und Echtheit liegt. Wenn du Geborgenheit, Empathie und emotionale Offenheit ausstrahlst, ziehst du genau die Menschen an, die dir ein Gefühl von Zuhause geben.

Deszendent Löwe – Die strahlende Bühne

Der Löwe-Deszendent bringt Glanz, Wärme und eine gewisse königliche Ausstrahlung in dein Liebesleben. Menschen, die dich anziehen, sind oft charismatisch, kreativ und voller Lebensfreude. Sie lieben es, zu inspirieren, im Mittelpunkt zu stehen und andere mit ihrer Energie anzustecken.

Diese Menschen haben eine natürliche Präsenz – wenn sie einen Raum betreten, spürt man sie sofort. Sie sind großzügig, leidenschaftlich und haben ein großes Herz. Gleichzeitig erwarten sie, dass man ihre Strahlkraft erkennt und wertschätzt.

Wenn du diese Energie bewusst in dein Leben einlädst, wirst du feststellen, dass Begegnungen mit diesem Typ Mensch dich nicht nur begeistern, sondern auch dazu motivieren, selbst mutiger und sichtbarer zu werden.

Die psychologische Ebene

Der Löwe-Deszendent steht für den Wunsch nach Inspiration, Leidenschaft und einer Beziehung, die dich wachsen lässt. Du suchst jemanden, der dich ermutigt, deine eigene Strahlkraft zu entfalten, und der dir zeigt, dass das Leben gefeiert werden darf.

Dieser Typ Mensch ist oft selbstbewusst, manchmal auch ein wenig theatralisch, aber immer mit einer warmen, herzlichen Note. Er liebt es, besondere Momente zu schaffen – sei es ein romantisches Dinner, ein spontaner Ausflug oder ein großes gemeinsames Projekt.

Das bedeutet: Wenn du diesen Typ anziehen willst, solltest du selbst Freude am Leben zeigen, offen für kreative Ideen sein und keine Angst davor haben, dich zu zeigen. Löwe-Typen fühlen sich zu Menschen hingezogen, die ihre Begeisterung teilen und ihre Einzigartigkeit anerkennen.

Kleidung & Ausstrahlung

Dein Look darf Selbstbewusstsein und Lebensfreude ausstrahlen.

- **Farben:** Kräftige, warme Töne wie Gold, Orange, Purpur, Sonnengelb oder ein leuchtendes Rot.

- **Stil:** Elegant, auffällig, mit einem Hauch von Glamour. Kleidung, die deine Persönlichkeit betont – z. B. ein besonderes Kleidungsstück, das sofort ins Auge fällt.
- **Accessoires:** Statement-Schmuck, auffällige Sonnenbrillen, elegante Taschen oder Schuhe, die ein Blickfang sind.
- **Duft:** Sinnliche, warme Düfte mit Noten von Amber, Moschus oder exotischen Blüten.

Wichtig: Der Löwe-Typ liebt Menschen, die sich trauen, gesehen zu werden. Dein Stil darf also ruhig ein bisschen „Bühne" haben – ohne dabei verkleidet zu wirken.

Orte & Aktivitäten

Löwe-Typen findest du dort, wo Kreativität, Unterhaltung und Lebensfreude im Mittelpunkt stehen:

- Theater, Musicals, Konzerte
- Kunstausstellungen oder Vernissagen
- Tanzveranstaltungen oder elegante Partys
- Modenschauen oder Design-Events
- Hochwertige Restaurants oder stilvolle Bars
- Kreativ-Workshops wie Schauspiel, Tanz oder Fotografie

Tipp: Wenn du selbst ein kreatives Hobby hast, ist das eine ideale Möglichkeit, diesen Typ Mensch ganz natürlich kennenzulernen – z. B. in einem Tanzkurs oder bei einer Theatergruppe.

Gesprächsthemen

Löwe-Typen sprechen gerne über Dinge, die sie begeistern und bei denen sie ihre Leidenschaft zeigen können.

- Kreative Projekte oder Hobbys
- Persönliche Erfolge und Meilensteine
- Inspirierende Geschichten oder Menschen
- Reisen und besondere Erlebnisse

- Kunst, Musik, Mode oder Kultur

Wichtig: Sei großzügig mit ehrlichem Lob. Löwe-Typen lieben es, wenn man ihre Talente und ihren Einsatz anerkennt – und sie geben diese Wertschätzung gerne zurück.

Verhalten & Körpersprache

- **Sei präsent:** Zeige, dass du den Moment genießt.
- **Zeige Begeisterung:** Lächle, lache, reagiere mit Wärme.
- **Sei großzügig:** Nicht nur materiell, sondern auch mit deiner Aufmerksamkeit und deinem Lob.
- **Körpersprache:** Aufrechte Haltung, offene Gesten, direkter Blickkontakt.

Löwe-Typen fühlen sich zu Menschen hingezogen, die selbstbewusst wirken, ohne arrogant zu sein, und die Freude am Leben ausstrahlen.

Praxisbeispiel

Du bist auf einer Vernissage und siehst jemanden, der gerade mit leuchtenden Augen von seinem neuesten Kunstprojekt erzählt. Statt nur zu sagen „Klingt interessant", fragst du: „Was hat dich dazu inspiriert?"

Vielleicht erzählt dein Gegenüber von einer Reise oder einem besonderen Erlebnis. Das ist deine Gelegenheit, echtes Interesse zu zeigen und zu sagen: „Ich liebe es, wenn Menschen so leidenschaftlich von etwas erzählen – das steckt richtig an."

So entsteht ein Gespräch, das nicht nur oberflächlich ist, sondern die Begeisterung des Löwe-Typs aufgreift und verstärkt.

Fehler, die du vermeiden solltest

- Gleichgültigkeit oder Desinteresse zeigen.
- Zu kritisch oder herablassend wirken.
- Dich komplett in den Hintergrund stellen und keine eigene Meinung haben.
- Neid oder Konkurrenzdenken – Löwe-Typen wollen Partner, die ihre Erfolge mitfeiern.

Mini-Challenge für dich

In den nächsten 7 Tagen:

1. Ziehe ein Outfit an, das dich strahlen lässt – und trage es mit Selbstbewusstsein.
2. Gehe zu einer Veranstaltung, bei der Kreativität oder Unterhaltung im Mittelpunkt steht.
3. Mache einer Person ein ehrliches, herzliches Kompliment – und beobachte, wie sich die Stimmung verändert.

Merke:
Der Löwe-Deszendent lehrt dich, dass Anziehung oft in der Freude und im Strahlen liegt. Wenn du Selbstbewusstsein, Begeisterung und Wertschätzung ausstrahlst, ziehst du genau die Menschen an, die dein Leben mit Farbe, Wärme und Leidenschaft füllen.

Deszendent Jungfrau – Die stille Präzision

Der Jungfrau-Deszendent bringt Klarheit, Struktur und eine ruhige, verlässliche Energie in dein Liebesleben. Menschen, die dich anziehen, sind oft analytisch, hilfsbereit und haben ein Auge für Details. Sie sind die stillen Beobachter, die nicht unbedingt im Rampenlicht stehen wollen, aber im Hintergrund dafür sorgen, dass alles reibungslos läuft.

Diese Menschen sind oft sehr zuverlässig, bodenständig und haben eine natürliche Bescheidenheit. Sie beeindrucken nicht durch große Gesten, sondern durch ihre Beständigkeit, ihre Fürsorge und ihre Fähigkeit, Probleme pragmatisch zu lösen.

Wenn du diese Energie bewusst in dein Leben einlädst, wirst du feststellen, dass Begegnungen mit diesem Typ Mensch dir Stabilität geben und dich dazu inspirieren, selbst achtsamer und strukturierter zu leben.

Die psychologische Ebene

Der Jungfrau-Deszendent steht für den Wunsch nach Ordnung, Verlässlichkeit und einer Beziehung, die auf gegenseitiger Unterstützung basiert. Du suchst jemanden, der dir nicht nur emotionale Nähe gibt, sondern auch im Alltag ein verlässlicher Partner ist – jemand, der mitdenkt, zuhört und dir hilft, deine Ziele zu erreichen.

Dieser Typ Mensch ist oft sehr aufmerksam und bemerkt Kleinigkeiten, die anderen entgehen. Er zeigt seine Zuneigung nicht immer in großen Worten, sondern in kleinen, praktischen Gesten – wie dem Zubereiten deines Lieblingstees, dem Organisieren eines Ausflugs oder dem Reparieren einer Kleinigkeit, ohne dass du darum gebeten hast.

Das bedeutet: Wenn du diesen Typ anziehen willst, solltest du selbst zeigen, dass du Wert auf Achtsamkeit, Ehrlichkeit und Verlässlichkeit legst. Oberflächlichkeit oder ständige

Unordnung – im wörtlichen wie im übertragenen Sinn – wirken hier eher abschreckend.

Kleidung & Ausstrahlung

Dein Look darf schlicht, gepflegt und funktional sein – aber mit Liebe zum Detail.

- **Farben:** Neutrale Töne wie Beige, Grau, Weiß, Navy oder sanftes Grün.
- **Stil:** Klassisch und zeitlos, gut sitzende Kleidung, die Qualität ausstrahlt.
- **Accessoires:** Dezent, aber hochwertig – eine schlichte Uhr, ein feines Armband, ein Ledergürtel.
- **Duft:** Frische, saubere Düfte mit Noten von Zitrus, Lavendel oder grünen Kräutern.

Wichtig: Der Jungfrau-Typ achtet auf Sauberkeit und Gepflegtheit. Faltenfreie Kleidung, saubere Schuhe und ein ordentlicher Gesamteindruck sind hier entscheidend.

Orte & Aktivitäten

Jungfrau-Typen findest du dort, wo es um Wissen, Gesundheit oder praktische Tätigkeiten geht:

- Bibliotheken oder Buchhandlungen
- Workshops und Seminare (z. B. zu Ernährung, Nachhaltigkeit, Handwerk)
- Yoga- oder Pilates-Kurse
- Naturwanderungen oder Kräuterwanderungen
- Bauernmärkte oder Bioläden
- Freiwilligenarbeit oder gemeinnützige Projekte

Tipp: Wenn du selbst ein Interesse an gesunder Ernährung, Nachhaltigkeit oder Organisation hast, ist das eine ideale Möglichkeit, diesen Typ Mensch ganz natürlich kennenzulernen.

Gesprächsthemen

Jungfrau-Typen sprechen gerne über Themen, die Substanz haben und einen praktischen Nutzen bieten:

- Gesundheit und Wohlbefinden
- Organisation und Zeitmanagement
- Nachhaltigkeit und Umweltschutz
- Bücher oder Dokumentationen
- Praktische Tipps für den Alltag

Wichtig: Sei ehrlich und authentisch. Übertreibungen oder Angeberei wirken hier eher abstoßend. Lieber sagen: „Ich habe neulich angefangen, meine Woche besser zu planen – das macht so einen Unterschied."

Verhalten & Körpersprache

- **Sei aufmerksam:** Höre zu, merke dir Details, die dein Gegenüber erwähnt.
- **Zeige Verlässlichkeit:** Halte Zusagen ein, sei pünktlich.
- **Sei respektvoll:** Unterbrich nicht, höre ausreden.
- **Körpersprache:** Ruhige, kontrollierte Gesten, ein freundlicher, aber nicht aufdringlicher Blickkontakt.

Jungfrau-Typen fühlen sich zu Menschen hingezogen, die Sorgfalt und Achtsamkeit ausstrahlen.

Praxisbeispiel

Du bist bei einem Workshop über gesunde Ernährung und kommst mit jemandem ins Gespräch, der gerade einen Tipp zu einem bestimmten Gewürz gibt. Statt nur zu nicken, fragst du: „Das klingt spannend – wie verwendest du das genau?"

Vielleicht erzählt dein Gegenüber von seinen Lieblingsrezepten oder von einer Reise, bei der er dieses Gewürz entdeckt hat. Das ist deine Gelegenheit, echtes Interesse zu zeigen und vielleicht sogar um ein Rezept zu bitten. So entsteht ein Gespräch, das auf echtem Austausch basiert – genau das, was Jungfrau-Typen schätzen.

Fehler, die du vermeiden solltest

- Unpünktlichkeit oder Unzuverlässigkeit.
- Ungepflegtes Auftreten oder chaotisches Verhalten.
- Oberflächliche Gespräche ohne Substanz.
- Übertriebene Selbstdarstellung oder Angeberei.

Mini-Challenge für dich

In den nächsten 7 Tagen:

1. Plane einen Tag bewusst strukturiert und halte dich an deinen Plan.
2. Trage ein schlichtes, aber perfekt passendes Outfit und achte auf jedes Detail.
3. Lerne etwas Neues, das einen praktischen Nutzen hat – und teile es in einem Gespräch.

Merke:
Der Jungfrau-Deszendent lehrt dich, dass wahre Anziehung oft in den kleinen Dingen liegt. Wenn du Achtsamkeit, Verlässlichkeit und eine ruhige, klare Ausstrahlung zeigst, ziehst du genau die Menschen an, die dir Stabilität und Unterstützung geben.

Deszendent Waage – Die Harmonie

Der Waage-Deszendent bringt Stil, Charme und ein tiefes Bedürfnis nach Ausgeglichenheit in dein Liebesleben. Menschen, die dich anziehen, sind oft kultiviert, freundlich und haben ein feines Gespür für Ästhetik. Sie sind die Diplomaten unter den Beziehungspartnern – sie wissen, wie man Brücken baut, Konflikte entschärft und eine Atmosphäre schafft, in der sich alle wohlfühlen.

Diese Menschen haben oft ein gutes Auge für Mode, Kunst oder Design und legen Wert auf ein gepflegtes, harmonisches Umfeld. Sie sind gesellig, aber nicht aufdringlich, und sie verstehen es, andere ins Gespräch einzubeziehen.

Wenn du diese Energie bewusst in dein Leben einlädst, wirst du feststellen, dass Begegnungen mit diesem Typ Mensch dir nicht nur Freude, sondern auch ein Gefühl von innerer Balance schenken.

Die psychologische Ebene

Der Waage-Deszendent steht für den Wunsch nach einer Partnerschaft, die auf Gleichgewicht, Respekt und gegenseitiger Wertschätzung basiert. Du suchst jemanden, der nicht nur dein Partner, sondern auch dein Verbündeter ist – jemand, mit dem du Entscheidungen gemeinsam triffst und der dich in deiner Entwicklung unterstützt.

Dieser Typ Mensch ist oft sehr beziehungsorientiert und achtet darauf, dass beide Seiten in einer Partnerschaft zufrieden sind. Er vermeidet unnötige Konflikte, sucht nach Kompromissen und möchte, dass sich alle Beteiligten wohlfühlen.

Das bedeutet: Wenn du diesen Typ anziehen willst, solltest du selbst Offenheit, Freundlichkeit und ein Gespür für Harmonie ausstrahlen. Menschen mit dieser Energie fühlen sich zu dir hingezogen, wenn sie spüren, dass du Wert auf ein respektvolles Miteinander legst.

Kleidung & Ausstrahlung

Dein Look darf Eleganz und Harmonie ausstrahlen.

- **Farben:** Sanfte, harmonische Töne wie Beige, Creme, Pastellrosa, Hellblau oder zartes Grau.
- **Stil:** Elegant, aber nicht übertrieben – gut kombinierte Outfits, die stimmig wirken.
- **Accessoires:** Feiner Schmuck, ein schöner Schal, eine stilvolle Tasche.
- **Duft:** Leichte, blumige Düfte mit Noten von Rose, Pfingstrose oder weißem Moschus.

Wichtig: Der Waage-Typ achtet auf das Gesamtbild. Dein Stil sollte zeigen, dass du dir Gedanken machst, ohne dass es gezwungen wirkt. Harmonie in Farben und Formen ist hier entscheidend.

Orte & Aktivitäten

Waage-Typen findest du dort, wo Schönheit, Kultur und Begegnung im Mittelpunkt stehen:

- Vernissagen und Kunstausstellungen
- Modenschauen oder Designmärkte
- Stilvolle Cafés oder Weinbars
- Tanzkurse (z. B. Standard oder Salsa)
- Theater- oder Opernaufführungen
- Hochzeiten oder elegante Feiern

Tipp: Wenn du selbst ein Interesse an Kunst, Mode oder Tanz hast, ist das eine ideale Möglichkeit, diesen Typ Mensch ganz natürlich kennenzulernen.

Gesprächsthemen

Waage-Typen sprechen gerne über Themen, die inspirieren und verbinden:

- Kunst, Design, Architektur
- Reisen und kulturelle Erlebnisse
- Beziehungen und zwischenmenschliche Dynamik
- Gesellschaftliche Themen und aktuelle Ereignisse
- Gemeinsame Interessen und Hobbys

Wichtig: Sei interessiert und wertschätzend. Waage-Typen mögen es, wenn man ihre Meinung fragt und auf ihre Sichtweise eingeht.

Verhalten & Körpersprache

- **Sei freundlich:** Ein Lächeln öffnet hier viele Türen.
- **Zeige Interesse:** Stelle Fragen, höre zu, bestätige.
- **Sei respektvoll:** Unterbrich nicht, vermeide harte Kritik.
- **Körpersprache:** Offene, einladende Gesten, sanfter Blickkontakt, eine entspannte Haltung.

Waage-Typen fühlen sich zu Menschen hingezogen, die eine angenehme, friedliche Ausstrahlung haben.

Praxisbeispiel

Du bist auf einer Vernissage und betrachtest ein Gemälde. Neben dir steht jemand, der ebenfalls interessiert schaut. Statt nur zu nicken, sagst du: „Die Farbkombination ist wunderschön – sie wirkt so harmonisch. Was sehen Sie darin?"

Vielleicht erzählt dein Gegenüber von seiner Interpretation oder von einem ähnlichen Kunstwerk, das er einmal gesehen hat. Das ist deine Gelegenheit, Gemeinsamkeiten zu entdecken und ein Gespräch aufzubauen, das von gegenseitiger Wertschätzung geprägt ist.

Fehler, die du vermeiden solltest

- Zu konfrontativ oder streitlustig wirken.
- Ungepflegtes oder unharmonisches Erscheinungsbild.
- Desinteresse an Ästhetik oder Kultur zeigen.
- Dominantes Verhalten, das keinen Raum für den anderen lässt.

Mini-Challenge für dich

In den nächsten 7 Tagen:

1. Trage ein Outfit in harmonischen Farben und achte darauf, wie sich deine Ausstrahlung verändert.
2. Besuche eine kulturelle Veranstaltung und sprich dort mit mindestens einer Person.
3. Übe dich darin, in Gesprächen aktiv zuzuhören und wertschätzend zu reagieren.

Merke:
Der Waage-Deszendent lehrt dich, dass wahre Anziehung oft in der Harmonie liegt. Wenn du Freundlichkeit, Stil und Offenheit ausstrahlst, ziehst du genau die Menschen an, die dir eine ausgewogene, erfüllende Partnerschaft bieten können.

Deszendent Skorpion – Die magnetische Tiefe

Der Skorpion-Deszendent bringt Intensität, Leidenschaft und eine fast magische Anziehungskraft in dein Liebesleben. Menschen, die dich anziehen, sind oft tiefgründig, geheimnisvoll und emotional sehr präsent. Sie sind keine oberflächlichen Bekannten – sie wollen dich wirklich kennen, mit all deinen Stärken, Schwächen und verborgenen Seiten.

Diese Menschen haben eine magnetische Ausstrahlung, die dich förmlich in ihren Bann ziehen kann. Sie sind oft sehr intuitiv, spüren unausgesprochene Dinge und scheuen sich nicht vor emotionaler Tiefe. Gleichzeitig können sie fordernd sein – sie wollen echte Nähe, keine halben Sachen.

Wenn du diese Energie bewusst in dein Leben einlädst, wirst du feststellen, dass Begegnungen mit diesem Typ Mensch transformierend sein können. Sie bringen dich dazu, dich selbst besser zu verstehen und dich auf einer tieferen Ebene zu öffnen.

Die psychologische Ebene

Der Skorpion-Deszendent steht für den Wunsch nach intensiver, authentischer Verbindung. Du suchst jemanden, der dich nicht nur an der Oberfläche wahrnimmt, sondern der bereit ist, mit dir in die Tiefe zu gehen – auch in die Bereiche, die nicht immer bequem sind.

Dieser Typ Mensch ist oft sehr loyal, aber auch anspruchsvoll. Er möchte, dass du dich zeigst, wie du wirklich bist – ohne Masken. Er kann dich herausfordern, deine eigenen Ängste und Unsicherheiten anzusehen, und genau das macht die Verbindung so kraftvoll.

Das bedeutet: Wenn du diesen Typ anziehen willst, solltest du selbst bereit sein, dich emotional zu öffnen und dich auf echte Nähe einzulassen. Oberflächliche Gespräche oder ein distanziertes Auftreten wirken hier eher abschreckend.

Kleidung & Ausstrahlung

Dein Look darf geheimnisvoll, sinnlich und selbstbewusst wirken.

- **Farben:** Dunkle, satte Töne wie Schwarz, Bordeaux, Smaragdgrün oder Mitternachtsblau.
- **Stil:** Elegant, körperbetont, aber nicht aufdringlich – lieber andeuten als alles zeigen.
- **Accessoires:** Ein markantes Schmuckstück, ein auffälliger Ring, ein Seidentuch oder ein Lederarmband.
- **Duft:** Sinnliche, tiefe Düfte mit Noten von Patchouli, Amber, Moschus oder Oud.

Wichtig: Der Skorpion-Typ liebt Menschen, die eine gewisse Aura des Geheimnisvollen haben. Dein Stil darf also Fragen aufwerfen und neugierig machen.

Orte & Aktivitäten

Skorpion-Typen findest du dort, wo es um Tiefe, Transformation oder intensive Erlebnisse geht:

- Psychologie- oder Coaching-Workshops
- Spirituelle Retreats oder Meditationsgruppen
- Krimi-Lesungen oder Filmfestivals mit tiefgründigen Themen
- Nachtclubs oder Lounges mit gedämpftem Licht
- Orte am Wasser – besonders in der Nacht
- Seminare zu Themen wie Persönlichkeitsentwicklung, Mystik oder Heilung

Tipp: Wenn du selbst ein Interesse an Psychologie, Spiritualität oder intensiven Gesprächen hast, ist das eine ideale Möglichkeit, diesen Typ Mensch ganz natürlich kennenzulernen.

Gesprächsthemen

Skorpion-Typen sprechen gerne über Themen, die unter die Oberfläche gehen:

- Persönliche Transformationen und Lebensveränderungen
- Geheimnisse oder unerwartete Wendungen im Leben
- Psychologie, Spiritualität, Mystik
- Tiefe Emotionen und Erfahrungen
- Tabuthemen, über die andere nicht sprechen

Wichtig: Sei ehrlich und authentisch. Skorpion-Typen spüren sofort, wenn du etwas vorspielst. Lieber sagen: „Das war eine schwierige Zeit für mich, aber ich habe viel daraus gelernt" – und damit echte Nähe schaffen.

Verhalten & Körpersprache

- **Sei präsent:** Höre aufmerksam zu, ohne ständig zu unterbrechen.
- **Zeige Tiefe:** Teile auch persönliche Gedanken und Gefühle.
- **Sei authentisch:** Vermeide Smalltalk, wenn es nicht nötig ist.
- **Körpersprache:** Ruhige, kontrollierte Bewegungen, direkter Blickkontakt, der nicht ausweicht.

Skorpion-Typen fühlen sich zu Menschen hingezogen, die keine Angst vor Intensität haben und bereit sind, sich auf eine tiefere Ebene einzulassen.

Praxisbeispiel

Du bist auf einem Seminar über Persönlichkeitsentwicklung und kommst mit jemandem ins Gespräch, der gerade von einer großen Veränderung in seinem Leben erzählt. Statt nur zu sagen „Das klingt interessant", fragst du: „Was hat dich dazu gebracht, diesen Schritt zu gehen?"

Vielleicht erzählt dein Gegenüber von einer Krise oder einem Schlüsselmoment. Das ist deine Gelegenheit, echtes Interesse zu zeigen und zu sagen: „Ich finde es beeindruckend, wenn jemand den Mut hat, so etwas zu verändern."

So entsteht ein Gespräch, das sofort eine emotionale Tiefe hat – genau das, was Skorpion-Typen schätzen.

Fehler, die du vermeiden solltest

- Oberflächliche Gespräche ohne Substanz.
- Unehrlichkeit oder das Zurückhalten wichtiger Dinge.
- Angst vor emotionaler Nähe zeigen.
- Zu viel Distanz oder Gleichgültigkeit.

Mini-Challenge für dich

In den nächsten 7 Tagen:

1. Führe ein Gespräch, in dem du bewusst ein persönliches Erlebnis teilst.
2. Trage an einem Tag bewusst dunkle, sinnliche Farben und beobachte, wie Menschen reagieren.
3. Besuche eine Veranstaltung, bei der es um tiefe, persönliche Themen geht – und sprich dort mit mindestens einer Person.

Merke:
Der Skorpion-Deszendent lehrt dich, dass wahre Anziehung oft in der Tiefe liegt. Wenn du Intensität, Authentizität und emotionale Offenheit ausstrahlst, ziehst du genau die Menschen an, die dich nicht nur sehen, sondern wirklich erkennen.

Deszendent Schütze – Die Freiheit

Der Schütze-Deszendent bringt Abenteuerlust, Optimismus und eine unbändige Lebensfreude in dein Liebesleben. Menschen, die dich anziehen, sind oft weltoffen, humorvoll und voller Energie. Sie lieben es, neue Horizonte zu entdecken – sei es durch Reisen, Bildung oder einfach durch inspirierende Gespräche.

Diese Menschen haben eine ansteckende Begeisterung für das Leben. Sie sind oft spontan, lieben Herausforderungen und haben keine Angst davor, ihre Komfortzone zu verlassen. Sie wollen die Welt nicht nur sehen, sondern auch verstehen – und sie nehmen dich gerne mit auf diese Reise.

Wenn du diese Energie bewusst in dein Leben einlädst, wirst du feststellen, dass Begegnungen mit diesem Typ Mensch dich nicht nur inspirieren, sondern auch dazu bringen, selbst mutiger und offener zu werden.

Die psychologische Ebene

Der Schütze-Deszendent steht für den Wunsch nach Wachstum, Freiheit und einer Partnerschaft, die dich geistig und emotional bereichert. Du suchst jemanden, der dich ermutigt, über den Tellerrand hinauszuschauen, und der dir zeigt, dass das Leben voller Möglichkeiten steckt.

Dieser Typ Mensch ist oft sehr direkt, manchmal auch ein wenig ungeduldig, aber immer mit einer positiven Grundhaltung. Er liebt es, Pläne zu schmieden, neue Ziele zu setzen und das Leben als Abenteuer zu sehen.

Das bedeutet: Wenn du diesen Typ anziehen willst, solltest du selbst Offenheit, Neugier und Begeisterung ausstrahlen. Menschen mit dieser Energie fühlen sich zu dir hingezogen, wenn sie spüren, dass du bereit bist, dich auf Neues einzulassen und dich von der Welt inspirieren zu lassen.

Kleidung & Ausstrahlung

Dein Look darf lässig, reisetauglich und ein bisschen unkonventionell wirken.

- **Farben:** Kräftige, fröhliche Töne wie Türkis, Sonnengelb, Smaragdgrün oder ein warmes Orange.
- **Stil:** Bequem, aber stilvoll – Kleidung, in der du dich frei bewegen kannst. Jeans, lockere Hemden, Kleider mit Ethno-Mustern oder sportliche Outfits passen perfekt.
- **Accessoires:** Rucksäcke, Tücher mit Weltkarten- oder Ethno-Prints, Armbänder aus verschiedenen Ländern, Sonnenhüte.
- **Duft:** Frische, belebende Düfte mit Zitrusnoten, Minze oder exotischen Gewürzen.

Wichtig: Der Schütze-Typ liebt Authentizität. Dein Stil darf zeigen, dass du bereit bist, jederzeit ins Abenteuer zu starten.

Orte & Aktivitäten

Schütze-Typen findest du dort, wo es um Entdeckung, Lernen und Austausch geht:

- Reisegruppen oder Backpacker-Treffs
- Sprachschulen oder internationale Meet-ups
- Outdoor-Events wie Wandern, Klettern oder Segeln
- Vorträge oder Seminare zu Kultur, Philosophie oder Geschichte
- Internationale Festivals oder Food-Märkte
- Sportarten mit Abenteuerfaktor wie Surfen, Kitesurfen oder Mountainbiken

Tipp: Wenn du selbst gerne reist oder neue Kulturen kennenlernst, ist das eine ideale Möglichkeit, diesen Typ Mensch ganz natürlich zu treffen.

Gesprächsthemen

Schütze-Typen sprechen gerne über alles, was inspiriert und Horizonte erweitert:

- Reisen und besondere Erlebnisse unterwegs
- Kulturelle Unterschiede und spannende Begegnungen
- Lebensphilosophien und persönliche Werte
- Abenteuer, Sport und Herausforderungen
- Bücher, Filme oder Vorträge, die zum Nachdenken anregen

Wichtig: Sei offen und neugierig. Schütze-Typen lieben es, wenn man ihre Begeisterung teilt und eigene Erfahrungen einbringt.

Verhalten & Körpersprache

- **Sei lebendig:** Lache, gestikuliere, zeige Begeisterung.
- **Sei offen:** Sag „Ja“ zu spontanen Ideen.
- **Sei interessiert:** Stelle Fragen, die zum Erzählen anregen.
- **Körpersprache:** Offene Haltung, lebendige Mimik, Blickkontakt, der Wärme und Neugier ausstrahlt.

Schütze-Typen fühlen sich zu Menschen hingezogen, die das Leben mit offenen Armen empfangen.

Praxisbeispiel

Du bist auf einem internationalen Food-Festival und probierst gerade ein exotisches Gericht. Neben dir steht jemand, der ebenfalls neugierig kostet. Statt nur zu lächeln, sagst du: „Das schmeckt ja ganz anders, als ich erwartet habe – weißt du, woher das kommt?“

Vielleicht erzählt dein Gegenüber von einer Reise, auf der er dieses Gericht zum ersten Mal probiert hat. Das ist deine Gelegenheit, nachzufragen: „Erzähl mir mehr von dieser Reise – was war das Spannendste, das du erlebt hast?“

So entsteht ein Gespräch voller Energie und Inspiration – genau das, was Schütze-Typen lieben.

Fehler, die du vermeiden solltest

- Zu verschlossen oder ängstlich wirken.
- Abenteuerlust oder neue Ideen sofort ablehnen.
- Zu sehr an Routinen festhalten.
- Pessimismus oder ständiges Nörgeln – Schütze-Typen brauchen Optimismus.

Mini-Challenge für dich

In den nächsten 7 Tagen:

1. Sag einmal spontan „Ja“ zu einer Einladung oder Aktivität, die du nicht geplant hattest.
2. Trage ein Accessoire oder Kleidungsstück, das eine Geschichte erzählt (z. B. aus dem Urlaub).
3. Sprich mit einer fremden Person über ein Reiseziel oder eine Kultur, die dich fasziniert.

Merke:
Der Schütze-Deszendent lehrt dich, dass wahre Anziehung oft in der Offenheit für Neues liegt. Wenn du Begeisterung, Neugier und Lebensfreude ausstrahlst, ziehst du genau die Menschen an, die dein Leben mit Abenteuern, Inspiration und Freiheit füllen.

Deszendent Steinbock – Die Beständigkeit

Der Steinbock-Deszendent bringt Stabilität, Zielstrebigkeit und eine ruhige, verlässliche Energie in dein Liebesleben. Menschen, die dich anziehen, sind oft verantwortungsbewusst, diszipliniert und haben klare Vorstellungen von ihrem Leben. Sie sind die Felsen in der Brandung – Menschen, auf die man sich verlassen kann, egal wie stürmisch es wird.

Diese Menschen beeindrucken nicht durch laute Auftritte, sondern durch ihre Beständigkeit, ihre Ausdauer und ihre Fähigkeit, langfristig zu denken. Sie sind oft ehrgeizig, arbeiten hart für ihre Ziele und erwarten von ihrem Partner, dass er ähnliche Werte teilt.

Wenn du diese Energie bewusst in dein Leben einlädst, wirst du feststellen, dass Begegnungen mit diesem Typ Mensch dir nicht nur Sicherheit geben, sondern dich auch dazu inspirieren, deine eigenen Ziele klarer zu definieren und konsequenter zu verfolgen.

Die psychologische Ebene

Der Steinbock-Deszendent steht für den Wunsch nach einer Partnerschaft, die auf Verlässlichkeit, Respekt und gemeinsamen Zielen basiert. Du suchst jemanden, der nicht nur im Hier und Jetzt für dich da ist, sondern auch langfristig an eurer gemeinsamen Zukunft arbeitet.

Dieser Typ Mensch ist oft sehr strukturiert, manchmal auch etwas zurückhaltend, bis er Vertrauen gefasst hat. Er zeigt seine Zuneigung nicht unbedingt in überschwänglichen Worten, sondern in Taten – indem er dir hilft, deine Träume zu verwirklichen, dich unterstützt, wenn es schwierig wird, und dir das Gefühl gibt, dass er bleibt.

Das bedeutet: Wenn du diesen Typ anziehen willst, solltest du selbst zeigen, dass du zuverlässig bist, Verantwortung übernehmen kannst und bereit bist, in eine Beziehung zu investieren. Unbeständigkeit oder ein zu lockerer Umgang mit Verpflichtungen wirken hier eher abschreckend.

Kleidung & Ausstrahlung

Dein Look darf Seriosität, Qualität und Bodenständigkeit ausstrahlen.

- **Farben:** Klassische, gedeckte Töne wie Schwarz, Grau, Navy, Dunkelgrün oder Burgunderrot.
- **Stil:** Zeitlos, elegant, gut geschnitten – Kleidung, die lange hält und nicht nur einem kurzfristigen Trend folgt.
- **Accessoires:** Hochwertig, aber dezent – eine elegante Uhr, ein Ledergürtel, ein schlichter, aber edler Ring.
- **Duft:** Warme, erdige Düfte mit Noten von Zedernholz, Vetiver oder Leder.

Wichtig: Der Steinbock-Typ achtet auf Qualität und Gepflegtheit. Dein Stil sollte zeigen, dass du Wert auf Beständigkeit und Substanz legst.

Orte & Aktivitäten

Steinbock-Typen findest du dort, wo es um Verantwortung, Tradition oder Zielorientierung geht:

- Business-Events oder Karrieremessen
- Seminare zu Finanzen, Unternehmensführung oder Persönlichkeitsentwicklung
- Bergwanderungen oder Naturausflüge
- Traditionsveranstaltungen oder kulturelle Feste
- Sportarten, die Ausdauer erfordern (z. B. Klettern, Langstreckenlauf)
- Ehrenamtliche Tätigkeiten mit langfristigem Engagement

Tipp: Wenn du selbst ein Ziel verfolgst – sei es beruflich, sportlich oder privat – und dich in entsprechenden Kreisen bewegst, ist das eine ideale Möglichkeit, diesen Typ Mensch ganz natürlich kennenzulernen.

Gesprächsthemen

Steinbock-Typen sprechen gerne über Themen, die Substanz haben und auf langfristige Entwicklung ausgerichtet sind:

- Berufliche Ziele und Projekte
- Persönliche Werte und Lebensplanung
- Herausforderungen und wie man sie meistert
- Traditionen und Familiengeschichten
- Strategien für Erfolg und Selbstdisziplin

Wichtig: Sei ehrlich und konkret. Steinbock-Typen mögen keine leeren Versprechungen oder vagen Aussagen. Lieber sagen: „Ich arbeite gerade an einem Projekt, das mir sehr wichtig ist, und so plane ich es umzusetzen."

Verhalten & Körpersprache

- **Sei zuverlässig:** Halte Zusagen ein, sei pünktlich.
- **Zeige Respekt:** Höre zu, unterbrich nicht, erkenne Leistungen an.
- **Sei geduldig:** Steinbock-Typen öffnen sich oft langsam.
- **Körpersprache:** Aufrechte Haltung, ruhige Gesten, ein fester, aber freundlicher Blickkontakt.

Steinbock-Typen fühlen sich zu Menschen hingezogen, die Stabilität und Ernsthaftigkeit ausstrahlen.

Praxisbeispiel

Du bist auf einer Netzwerkveranstaltung und kommst mit jemandem ins Gespräch, der gerade von einem langfristigen Projekt erzählt. Statt nur zu sagen „Klingt interessant", fragst du: „Wie bist du auf die Idee gekommen, und was ist dein Ziel damit?"

Vielleicht erzählt dein Gegenüber von den Herausforderungen und Erfolgen auf diesem Weg. Das ist deine Gelegenheit, echtes Interesse zu zeigen und zu sagen: „Ich finde es beeindruckend, wenn jemand so konsequent an etwas arbeitet – das motiviert mich."

So entsteht ein Gespräch, das auf Respekt und gemeinsamen Werten basiert – genau das, was Steinbock-Typen schätzen.

Fehler, die du vermeiden solltest

- Unpünktlichkeit oder Unzuverlässigkeit.
- Sprunghaftigkeit oder fehlende Zielorientierung.
- Oberflächliche Gespräche ohne Substanz.

- Übertriebene Selbstdarstellung ohne echte Leistung.

Mini-Challenge für dich

In den nächsten 7 Tagen:

1. Plane ein Ziel, das dir wichtig ist, und setze den ersten konkreten Schritt um.
2. Trage ein klassisches, hochwertiges Outfit und achte auf jedes Detail.
3. Führe ein Gespräch über ein langfristiges Projekt oder eine Vision – und höre aktiv zu.

Merke:
Der Steinbock-Deszendent lehrt dich, dass wahre Anziehung oft in der Beständigkeit liegt. Wenn du Verlässlichkeit, Zielstrebigkeit und eine ruhige, klare Ausstrahlung zeigst, ziehst du genau die Menschen an, die dir Stabilität und eine gemeinsame Zukunft bieten können.

Deszendent Wassermann – Die Inspiration

Der Wassermann-Deszendent bringt frischen Wind, Originalität und eine unkonventionelle Note in dein Liebesleben. Menschen, die dich anziehen, sind oft freiheitsliebend, kreativ und haben eine ganz eigene Sicht auf die Welt. Sie sind die Visionäre, die Querdenker, die Menschen, die nicht einfach nur den ausgetretenen Pfaden folgen, sondern neue Wege suchen – und dich einladen, mitzukommen.

Diese Menschen sind oft sehr unabhängig, manchmal ein wenig exzentrisch, aber immer inspirierend. Sie lieben es, Ideen auszutauschen, gesellschaftliche Normen zu hinterfragen und neue Möglichkeiten zu entdecken. Mit ihnen wird es selten langweilig – sie bringen dich dazu, größer zu denken und dich von alten Begrenzungen zu lösen.

Wenn du diese Energie bewusst in dein Leben einlädst, wirst du feststellen, dass Begegnungen mit diesem Typ Mensch dich nicht nur inspirieren, sondern auch dazu bringen, dich selbst freier und authentischer zu leben.

Die psychologische Ebene

Der Wassermann-Deszendent steht für den Wunsch nach einer Partnerschaft, die auf Freiheit, Gleichberechtigung und geistiger Inspiration basiert. Du suchst jemanden, der dich nicht einengt, sondern ermutigt, du selbst zu sein – in deiner ganzen Einzigartigkeit.

Dieser Typ Mensch ist oft sehr tolerant, offen für Neues und interessiert an gesellschaftlichen Entwicklungen. Er möchte nicht nur eine Beziehung führen, sondern gemeinsam mit dir wachsen, Ideen entwickeln und vielleicht sogar die Welt ein kleines Stück verändern.

Das bedeutet: Wenn du diesen Typ anziehen willst, solltest du selbst Offenheit, Neugier und den Mut zur Individualität ausstrahlen. Menschen mit dieser Energie fühlen sich zu dir hingezogen, wenn sie spüren, dass du bereit bist, dich auf neue Perspektiven einzulassen und nicht an starren Regeln festhältst.

Kleidung & Ausstrahlung

Dein Look darf individuell, kreativ und ein wenig unkonventionell wirken.

- **Farben:** Kräftige, ungewöhnliche Farbkombinationen oder klare, kühle Töne wie Türkis, Violett, Silber oder Aquamarin.
- **Stil:** Mix aus Klassik und Extravaganz – z. B. ein schlichtes Kleid mit auffälligen Schuhen oder ein Anzug mit einem bunten Einstecktuch.
- **Accessoires:** Statement-Pieces, die eine Geschichte erzählen – z. B. Schmuck aus fernen Ländern, selbstgemachte Accessoires oder Vintage-Fundstücke.
- **Duft:** Frische, luftige Düfte mit Noten von Zitrus, Minze oder grünen Kräutern, kombiniert mit einer ungewöhnlichen Nuance wie Ingwer oder Vetiver.

Wichtig: Der Wassermann-Typ liebt Individualität. Dein Stil darf zeigen, dass du dich nicht sklavisch an Trends hältst, sondern deinen eigenen Weg gehst.

Orte & Aktivitäten

Wassermann-Typen findest du dort, wo Innovation, Austausch und Gemeinschaft im Mittelpunkt stehen:

- Start-up-Events oder Gründer-Meet-ups
- Alternative Festivals oder Kunstmärkte
- Vorträge zu Zukunftsthemen, Technologie oder Nachhaltigkeit
- Soziale oder ökologische Projekte
- Ungewöhnliche Workshops (z. B. Urban Gardening, Upcycling, Impro-Theater)
- Internationale Couchsurfing- oder Austausch-Communities

Tipp: Wenn du selbst ein Interesse an gesellschaftlichen Themen, Innovation oder kreativen Projekten hast, ist das eine ideale Möglichkeit, diesen Typ Mensch ganz natürlich kennenzulernen.

Gesprächsthemen

Wassermann-Typen sprechen gerne über alles, was inspiriert, verändert oder neue Horizonte eröffnet:

- Zukunftsvisionen und gesellschaftliche Entwicklungen
- Ungewöhnliche Ideen und Projekte
- Reisen zu besonderen Orten abseits des Mainstreams
- Wissenschaft, Technologie, Nachhaltigkeit
- Persönliche Freiheit und Selbstverwirklichung

Wichtig: Sei offen und neugierig. Wassermann-Typen lieben es, wenn man ihre Begeisterung teilt und bereit ist, auch mal „um die Ecke" zu denken.

Verhalten & Körpersprache

- **Sei offen:** Zeige, dass du bereit bist, neue Ideen anzuhören.
- **Sei authentisch:** Verstelle dich nicht – Individualität ist hier ein Pluspunkt.
- **Sei inspirierend:** Teile deine eigenen Visionen und Träume.
- **Körpersprache:** Offene, lockere Haltung, lebendige Gestik, Blickkontakt, der Interesse und Neugier zeigt.

Wassermann-Typen fühlen sich zu Menschen hingezogen, die Freiheit ausstrahlen und gleichzeitig bereit sind, sich auf eine inspirierende Verbindung einzulassen.

Praxisbeispiel

Du bist auf einem Nachhaltigkeits-Event und hörst einem Vortrag über innovative Stadtbegrünung zu. Neben dir steht jemand, der begeistert Notizen macht. Statt nur zu lächeln, sagst du: „Das ist eine großartige Idee – stell dir vor, jede Stadt hätte so etwas. Was denkst du, wie realistisch ist das?"

Vielleicht erzählt dein Gegenüber von eigenen Projekten oder Ideen. Das ist deine Gelegenheit, echtes Interesse zu zeigen und zu sagen: „Ich finde es spannend, wie viele kreative Lösungen es gibt – manchmal braucht es nur ein paar mutige Menschen, um etwas zu verändern."

So entsteht ein Gespräch, das nicht nur oberflächlich ist, sondern auf gemeinsamen Visionen basiert – genau das, was Wassermann-Typen lieben.

Fehler, die du vermeiden solltest

- Zu konservativ oder starr in deinen Ansichten wirken.
- Neue Ideen sofort ablehnen oder schlechtreden.
- Zu sehr an Traditionen festhalten, ohne offen für Veränderung zu sein.
- Besitzergreifendes oder kontrollierendes Verhalten – Wassermann-Typen brauchen Freiheit.

Mini-Challenge für dich

In den nächsten 7 Tagen:

1. Besuche eine Veranstaltung zu einem Thema, das du bisher nicht kanntest, und sprich dort mit mindestens einer Person.
2. Trage ein Accessoire oder Kleidungsstück, das ungewöhnlich ist und eine Geschichte erzählt.
3. Führe ein Gespräch, in dem du bewusst eine neue, unkonventionelle Idee einbringst.

Merke:
Der Wassermann-Deszendent lehrt dich, dass wahre Anziehung oft in der Freiheit und Inspiration liegt. Wenn du Offenheit, Kreativität und den Mut zur Individualität ausstrahlst, ziehst du genau die Menschen an, die dein Leben mit frischen Ideen, spannenden Perspektiven und einer Prise Abenteuer bereichern.

Deszendent Fische – Die sanfte Seele

Der Fische-Deszendent bringt Sensibilität, Empathie und eine fast magische, träumerische Note in dein Liebesleben. Menschen, die dich anziehen, sind oft einfühlsam, kreativ und haben eine tiefe Verbindung zu ihren Gefühlen. Sie sind die Romantiker, die Träumer, die Menschen, die zwischen den Zeilen lesen und die Welt nicht nur mit den Augen, sondern auch mit dem Herzen sehen.

Diese Menschen sind oft sehr intuitiv, manchmal ein wenig geheimnisvoll, und sie haben die Gabe, dich auf einer seelischen Ebene zu berühren. Sie sind nicht immer leicht zu fassen – wie Wasser entziehen sie sich manchmal dem direkten Zugriff – aber genau das macht sie so faszinierend.

Wenn du diese Energie bewusst in dein Leben einlädst, wirst du feststellen, dass Begegnungen mit diesem Typ Mensch dir nicht nur emotionale Tiefe schenken, sondern dich auch dazu inspirieren, selbst weicher, offener und vertrauensvoller zu werden.

Die psychologische Ebene

Der Fische-Deszendent steht für den Wunsch nach einer Verbindung, die über das Offensichtliche hinausgeht. Du suchst jemanden, der dich nicht nur versteht, sondern dich auch in deinen stillen Momenten begleitet – jemanden, der deine Träume respektiert und dich ermutigt, deiner Intuition zu folgen.

Dieser Typ Mensch ist oft sehr mitfühlend, manchmal auch ein wenig verträumt oder chaotisch, aber immer mit einem großen Herzen. Er möchte nicht nur eine Beziehung führen, sondern eine seelische Partnerschaft, in der beide Seiten sich gegenseitig Halt geben.

Das bedeutet: Wenn du diesen Typ anziehen willst, solltest du selbst Offenheit, Sanftheit und emotionale Tiefe ausstrahlen. Menschen mit dieser Energie fühlen sich zu dir hingezogen, wenn sie spüren, dass du bereit bist, dich auf eine Verbindung einzulassen, die nicht nur rational, sondern auch intuitiv ist.

Kleidung & Ausstrahlung

Dein Look darf weich, fließend und romantisch wirken.

- **Farben:** Pastelltöne wie Rosé, Himmelblau, Lavendel, Mint oder Perlmutt.
- **Stil:** Fließende Stoffe, verspielte Details wie Spitze, Rüschen oder Stickereien. Kleidung, die Bewegung hat und Leichtigkeit ausstrahlt.
- **Accessoires:** Schmuck mit Symbolen (z. B. Sterne, Monde, Wellen), Perlen, zarte Tücher.
- **Duft:** Sanfte, verträumte Düfte mit Noten von Rose, Jasmin, Sandelholz oder Meeresbrise.

Wichtig: Der Fische-Typ liebt Menschen, die eine gewisse Zartheit ausstrahlen. Dein Stil darf zeigen, dass du sensibel bist und Sinn für Schönheit hast – ohne übertrieben zu wirken.

Orte & Aktivitäten

Fische-Typen findest du dort, wo Kreativität, Spiritualität und emotionale Tiefe im Mittelpunkt stehen:

- Kunst-Workshops (Malen, Töpfern, Fotografie)
- Musikabende oder kleine Konzerte
- Meditation, Yoga oder Achtsamkeitskurse
- Orte am Wasser – Strände, Seen, Flüsse
- Spirituelle Veranstaltungen oder Retreats
- Wohltätigkeitsprojekte oder ehrenamtliche Arbeit

Tipp: Wenn du selbst ein kreatives oder spirituelles Hobby hast, ist das eine ideale Möglichkeit, diesen Typ Mensch ganz natürlich kennenzulernen.

Gesprächsthemen

Fische-Typen sprechen gerne über alles, was mit Gefühlen, Kreativität und Inspiration zu tun hat:

- Träume und Visionen
- Kunst, Musik, Literatur
- Spirituelle Erfahrungen oder Lebensphilosophien
- Geschichten, die berühren
- Themen rund um Mitgefühl, Heilung und Menschlichkeit

Wichtig: Sei authentisch und offen. Fische-Typen spüren sofort, wenn du dich verstellst. Lieber sagen: „Das hat mich wirklich berührt..." – und damit eine emotionale Brücke schlagen.

Verhalten & Körpersprache

- **Sei sanft:** Sprich in einem ruhigen, angenehmen Ton.
- **Zeige Empathie:** Reagiere auf Gefühle, nicht nur auf Fakten.
- **Sei offen:** Teile auch deine verletzlichen Seiten.
- **Körpersprache:** Weiche Gesten, ein warmer Blick, eine entspannte Haltung.

Fische-Typen fühlen sich zu Menschen hingezogen, die Wärme und Verständnis ausstrahlen.

Praxisbeispiel

Du bist bei einem kleinen Live-Konzert in einer gemütlichen Bar. Neben dir sitzt jemand, der die Augen schließt und die Musik sichtlich genießt. Statt nur zu lächeln, sagst du: „Es ist, als würde die Musik direkt ins Herz gehen, oder?"

Vielleicht erzählt dein Gegenüber, dass er selbst Musik macht oder malt, wenn er inspiriert ist. Das ist deine Gelegenheit, nachzufragen: „Was inspiriert dich am meisten?"

So entsteht ein Gespräch, das sofort eine emotionale Tiefe hat – genau das, was Fische-Typen schätzen.

Fehler, die du vermeiden solltest

- Zu rational oder gefühllos wirken.
- Emotionale Themen ins Lächerliche ziehen.
- Zu hart oder konfrontativ auftreten.
- Kein Interesse an Kreativität oder Inspiration zeigen.

Mini-Challenge für dich

In den nächsten 7 Tagen:

1. Teile jeden Tag etwas, das dich inspiriert – ein Bild, ein Lied, ein Zitat.
2. Trage ein Kleidungsstück in einer sanften, fließenden Farbe und beobachte, wie Menschen reagieren.
3. Verbringe Zeit an einem Ort am Wasser und sprich dort mit mindestens einer Person.

Merke:
Der Fische-Deszendent lehrt dich, dass wahre Anziehung oft in der Sanftheit und Empathie liegt. Wenn du Wärme, Kreativität und emotionale Offenheit ausstrahlst, ziehst du genau die Menschen an, die dich auf einer seelischen Ebene berühren und mit denen du eine tiefe, inspirierende Verbindung aufbauen kannst.

Kapitel 5 – Deinen aktuellen Partner besser verstehen

Manchmal ist es gar nicht nötig, einen neuen Partner zu suchen – oft liegt der Schlüssel zu mehr Harmonie und Tiefe in der Beziehung darin, den Menschen an deiner Seite wirklich zu verstehen.
Der Deszendent deines Partners verrät dir, **welche Qualitäten er in einer Beziehung sucht**, welche Bedürfnisse er hat und wie er sich in Partnerschaften entfaltet.

So findest du den Deszendenten deines Partners heraus

1. **Geburtsdaten besorgen** – Du brauchst das Geburtsdatum, die genaue Geburtszeit und den Geburtsort deines Partners.
2. **Online-Tool nutzen** – Gib die Daten in ein kostenloses Horoskop-Tool ein (z. B. astro.com, astro-seek.com).
3. **Aszendent ermitteln** – Das Tool zeigt dir den Aszendenten deines Partners an.
4. **Deszendent bestimmen** – Der Deszendent ist immer das gegenüberliegende Zeichen des Aszendenten.
   - Beispiel: Aszendent Stier → Deszendent Skorpion.
5. **Notieren** – Jetzt weißt du, welches Zeichen sein Deszendent hat – und damit, welche Partnerqualitäten ihn besonders anziehen.

Was der Deszendent deines Partners bedeutet

Der Deszendent zeigt, **welche Eigenschaften dein Partner in einer Beziehung sucht** – bewusst oder unbewusst. Wenn du diese Qualitäten verstehst, kannst du:

- seine Bedürfnisse besser erfüllen,
- Missverständnisse vermeiden,
- und eure Verbindung vertiefen.

Die 12 Deszendenten – und wie du damit umgehst

Deszendent Widder

Was er sucht: Energie, Initiative, Leidenschaft. Jemand, der ihn inspiriert und antreibt.
So stärkst du die Beziehung: Sei aktiv, bringe frischen Wind in den Alltag, überrasche ihn mit spontanen Ideen.
Achte darauf: Er kann sich schnell langweilen, wenn alles zu routiniert wird.
Konfliktpotenzial: Ungeduld und hitzige Diskussionen – bleib klar, aber nicht verletzend.

Deszendent Stier

Was er sucht: Sicherheit, Beständigkeit, Sinnlichkeit. Einen Partner, der Ruhe und Stabilität ausstrahlt.
So stärkst du die Beziehung: Gemeinsame Rituale, gutes Essen, körperliche Nähe.
Achte darauf: Er mag keine plötzlichen Veränderungen – gib

ihm Zeit, sich auf Neues einzustellen.
Konfliktpotenzial: Sturheit – versuche, Kompromisse sanft einzuleiten.

Deszendent Zwillinge

Was er sucht: Lebendigkeit, Humor, geistige Anregung. Einen Partner, der mit ihm lacht und diskutiert.
So stärkst du die Beziehung: Interessante Gespräche, kleine Abenteuer, neue Hobbys.
Achte darauf: Er braucht Abwechslung – plane immer wieder kleine Überraschungen ein.
Konfliktpotenzial: Oberflächlichkeit – achte darauf, auch tiefere Themen anzusprechen.

Deszendent Krebs

Was er sucht: Geborgenheit, emotionale Nähe, Fürsorge.
So stärkst du die Beziehung: Zeige echtes Interesse an seinen Gefühlen, schaffe ein gemütliches Zuhause.
Achte darauf: Er reagiert sensibel – wähle deine Worte mit Bedacht.
Konfliktpotenzial: Überempfindlichkeit – lerne, liebevoll Grenzen zu setzen.

Deszendent Löwe

Was er sucht: Bewunderung, Wärme, Lebensfreude. Einen Partner, der ihn strahlen lässt.
So stärkst du die Beziehung: Zeige Anerkennung, feiere

seine Erfolge, plane besondere Erlebnisse.
Achte darauf: Er braucht Aufmerksamkeit – ignoriere ihn nicht zu lange.
Konfliktpotenzial: Eifersucht oder Drang nach Drama – bleib gelassen.

Deszendent Jungfrau

Was er sucht: Verlässlichkeit, Struktur, praktische Unterstützung.
So stärkst du die Beziehung: Sei pünktlich, halte Absprachen ein, hilf ihm, Ordnung zu schaffen.
Achte darauf: Er kann kritisch sein – nimm es nicht persönlich, sondern als Wunsch nach Verbesserung.
Konfliktpotenzial: Überanalyse – manchmal ist es besser, einfach zu genießen.

Deszendent Waage

Was er sucht: Harmonie, Schönheit, Ausgeglichenheit.
So stärkst du die Beziehung: Gemeinsame Ästhetik, höflicher Umgang, romantische Gesten.
Achte darauf: Er meidet Konflikte – sprich Probleme sanft, aber klar an.
Konfliktpotenzial: Unentschlossenheit – unterstütze ihn, Entscheidungen zu treffen.

Deszendent Skorpion

Was er sucht: Tiefe, Leidenschaft, emotionale Intensität.
So stärkst du die Beziehung: Sei ehrlich, auch über schwierige Themen, und zeige emotionale Präsenz.
Achte darauf: Er spürt Unehrlichkeit sofort – sei authentisch.
Konfliktpotenzial: Besitzdenken – wahre deine Eigenständigkeit.

Deszendent Schütze

Was er sucht: Abenteuer, Optimismus, geistige Freiheit.
So stärkst du die Beziehung: Plane Reisen, probiert Neues aus, inspiriert euch gegenseitig.
Achte darauf: Er braucht Freiraum – klammere nicht.
Konfliktpotenzial: Rastlosigkeit – finde eine Balance zwischen Abenteuer und Alltag.

Deszendent Steinbock

Was er sucht: Stabilität, Zielstrebigkeit, Verantwortung.
So stärkst du die Beziehung: Unterstütze seine Pläne, sei verlässlich, zeige Reife.
Achte darauf: Er öffnet sich langsam – habe Geduld.
Konfliktpotenzial: Arbeit vor Liebe – erinnere ihn an gemeinsame Zeit.

Deszendent Wassermann

Was er sucht: Freiheit, Originalität, geistige Unabhängigkeit.
So stärkst du die Beziehung: Respektiere seine Eigenheiten, teile unkonventionelle Ideen.
Achte darauf: Er braucht Raum für sich – gönne ihm diesen.
Konfliktpotenzial: Emotionale Distanz – finde Wege, Nähe zu schaffen, ohne ihn einzuengen.

Deszendent Fische

Was er sucht: Romantik, Mitgefühl, seelische Verbundenheit.
So stärkst du die Beziehung: Zeige Empathie, teile Träume, schaffe magische Momente.
Achte darauf: Er kann sich verlieren – hilf ihm, geerdet zu bleiben.
Konfliktpotenzial: Flucht vor Problemen – ermutige ihn, Herausforderungen anzusprechen.

Tipp:
Wenn du den Deszendenten deines Partners kennst, kannst du gezielt auf seine Bedürfnisse eingehen – ohne dich selbst zu verbiegen. Es geht nicht darum, dich zu verstellen, sondern die Sprache seiner Liebe zu verstehen und bewusst zu sprechen.

Kapitel 6 – Vorsicht: Ungesunde Deszendent-Typen erkennen

Nicht jeder Mensch, der deinem Deszendenten entspricht, ist automatisch der richtige Partner für dich. Manchmal zieht uns unser Deszendent zu Menschen, die zwar faszinierend wirken, aber uns langfristig nicht guttun. Das liegt daran, dass der Deszendent nicht nur unsere Wunschvorstellung vom „perfekten Gegenüber“ zeigt, sondern auch unsere **Schattenseiten** – Eigenschaften, die wir selbst (noch) nicht leben, und die uns deshalb besonders anziehen. In diesem Kapitel erfährst du, **welche Warnsignale** du bei jedem Deszendent-Zeichen kennen solltest, damit du dich nicht in ungesunde Muster verstrickst.
Es geht nicht darum, Menschen in „gut“ oder „schlecht“ einzuteilen – sondern darum, **bewusst zu erkennen**, wann eine Verbindung dir Kraft gibt und wann sie dich schwächt.

Deszendent Widder – Wenn Leidenschaft zur Kampfzone wird

Gesunde Seite: Mut, Direktheit, Leidenschaft.
Ungesunde Seite: Aggression, Egozentrik, ständige Machtkämpfe.

Warnsignale:

- Dein Gegenüber reagiert oft impulsiv und verletzend.
- Er oder sie will immer „gewinnen“ – auch in kleinen Diskussionen.
- Du fühlst dich unter Druck gesetzt, ständig mithalten zu müssen.

Tipp: Achte darauf, ob die Energie zwischen euch belebend oder erschöpfend ist. Leidenschaft ist schön – aber nicht, wenn sie dich ausbrennt.

Deszendent Stier – Wenn Sicherheit zur Fessel wird

Gesunde Seite: Beständigkeit, Sinnlichkeit, Verlässlichkeit.
Ungesunde Seite: Besitzdenken, Sturheit, Bequemlichkeit bis zur Erstarrung.

Warnsignale:

- Dein Partner klammert oder kontrolliert dich.
- Veränderungen werden blockiert, selbst wenn sie nötig wären.
- Materielle Sicherheit steht über emotionaler Nähe.

Tipp: Prüfe, ob Stabilität bei euch Raum für Wachstum lässt – oder ob sie dich einsperrt.

Deszendent Zwillinge – Wenn Leichtigkeit zur Oberflächlichkeit wird

Gesunde Seite: Humor, Kommunikation, geistige Anregung.
Ungesunde Seite: Unverbindlichkeit, Sprunghaftigkeit, Manipulation durch Worte.

Warnsignale:

- Dein Gegenüber weicht ernsten Gesprächen aus.
- Versprechen werden oft gebrochen.
- Du fühlst dich wie in einem ständigen Informations- oder Gefühlschaos.

Tipp: Achte darauf, ob Gespräche Tiefe haben – oder nur wie ein endloser Smalltalk wirken.

Deszendent Krebs – Wenn Fürsorge zur Abhängigkeit wird

Gesunde Seite: Empathie, Geborgenheit, emotionale Tiefe.
Ungesunde Seite: Überfürsorglichkeit, emotionale Erpressung, Launenhaftigkeit.

Warnsignale:

- Dein Partner macht dich für seine Stimmung verantwortlich.
- Du wirst subtil in eine „Retterrolle" gedrängt.
- Grenzen werden mit dem Argument „Liebe" überschritten.

Tipp: Liebe nährt – sie sollte dich nicht erdrücken.

Deszendent Löwe – Wenn Bewunderung zur Einbahnstraße wird

Gesunde Seite: Großzügigkeit, Lebensfreude, Inspiration.
Ungesunde Seite: Selbstverliebtheit, Dominanz, Bedürfnis nach ständiger Bestätigung.

Warnsignale:

- Dein Partner steht immer im Mittelpunkt – du bist nur Publikum.
- Kritik wird nicht angenommen.
- Du fühlst dich klein oder unsichtbar neben ihm/ihr.

Tipp: Prüfe, ob ihr euch gegenseitig strahlen lasst – oder ob nur einer das Rampenlicht bekommt.

Deszendent Jungfrau – Wenn Perfektion zur Kritikfalle wird

Gesunde Seite: Hilfsbereitschaft, Struktur, Verlässlichkeit.
Ungesunde Seite: Überkritik, Kontrollzwang, emotionale Distanz.

Warnsignale:

- Dein Partner findet ständig „Fehler" an dir.
- Spontaneität wird abgewertet.
- Du fühlst dich wie in einem ständigen Test.

Tipp: Achte darauf, ob Kritik konstruktiv ist – oder nur dein Selbstwert untergräbt.

Deszendent Waage – Wenn Harmonie zur Maske wird

Gesunde Seite: Charme, Diplomatie, Sinn für Schönheit.
Ungesunde Seite: Konfliktvermeidung, Unentschlossenheit, Oberflächlichkeit.

Warnsignale:

- Probleme werden unter den Teppich gekehrt.
- Entscheidungen werden endlos hinausgezögert.
- Du hast das Gefühl, dass alles „schön aussieht", aber nichts echt ist.

Tipp: Wahre Harmonie entsteht nicht durch Vermeidung – sondern durch ehrliche Klärung.

Deszendent Skorpion – Wenn Intensität zur Manipulation wird

Gesunde Seite: Tiefe, Leidenschaft, Transformation.
Ungesunde Seite: Eifersucht, Machtspiele, emotionale Abhängigkeit.

Warnsignale:

- Dein Partner testet ständig deine Loyalität.
- Geheimnisse und Andeutungen statt klarer Kommunikation.
- Du fühlst dich emotional ausgelaugt oder kontrolliert.

Tipp: Tiefe Verbindung ist wertvoll – aber nur, wenn sie auf Vertrauen basiert, nicht auf Angst.

Deszendent Schütze – Wenn Freiheit zur Flucht wird

Gesunde Seite: Abenteuerlust, Optimismus, Offenheit.
Ungesunde Seite: Bindungsangst, Verantwortungslosigkeit, Übertreibung.

Warnsignale:

- Dein Partner verschwindet emotional oder physisch, wenn es ernst wird.
- Große Versprechen, aber wenig Umsetzung.
- Du fühlst dich wie ein Zwischenstopp auf seiner Reise.

Tipp: Achte darauf, ob Freiheit bei euch Nähe zulässt – oder nur Distanz schafft.

Deszendent Steinbock – Wenn Verantwortung zur Kälte wird

Gesunde Seite: Zielstrebigkeit, Stabilität, Verlässlichkeit.
Ungesunde Seite: Gefühlskälte, Materialismus, übermäßiger Ehrgeiz.

Warnsignale:

- Dein Partner stellt Karriere oder Status immer über eure Beziehung.
- Emotionen werden als „unproduktiv" abgetan.
- Du fühlst dich wie ein Projekt, nicht wie ein geliebter Mensch.

Tipp: Sicherheit ist wichtig – aber nicht auf Kosten von Wärme und Nähe.

Deszendent Wassermann – Wenn Freiheit zur Distanz wird

Gesunde Seite: Unabhängigkeit, Originalität, Offenheit für Neues.
Ungesunde Seite: Gefühlskälte, Unberechenbarkeit, Rebellieren um des Rebellierens willen.

Warnsignale:

- Dein Partner hält dich emotional auf Abstand.
- Plötzliche Rückzüge ohne Erklärung.
- Du hast das Gefühl, nie wirklich „anzukommen".

Tipp: Prüfe, ob Individualität bei euch Verbindung schafft – oder nur Mauern baut.

Deszendent Fische – Wenn Romantik zur Illusion wird

Gesunde Seite: Mitgefühl, Spiritualität, Sensibilität.
Ungesunde Seite: Realitätsflucht, Opferrolle, Selbstaufgabe.

Warnsignale:

- Dein Partner verschwindet in Fantasien, Süchten oder Ausreden.
- Du wirst in ein Helfer- oder Rettermuster gezogen.
- Grenzen verschwimmen – zu deinem Nachteil.

Tipp: Liebe darf träumen – aber sie braucht auch einen festen Boden.

Abschließender Gedanke zu diesem Kapitel

Dein Deszendent zeigt dir, welche Qualitäten dich anziehen – und welche Schattenseiten du besonders leicht übersiehst.
Indem du die Warnsignale kennst, kannst du bewusst entscheiden, **wem du dein Herz öffnest**.
So wird dein Deszendent nicht zur Falle – sondern zu einem klaren Kompass für gesunde, erfüllende Beziehungen.

Kapitel 7 – Praxisübungen & Selbsttests

Du hast nun viel über deinen Deszendenten gelernt – und vielleicht auch schon erste Aha-Momente gehabt.
Doch Wissen allein verändert noch nichts. Jetzt geht es darum, dein neues Verständnis **aktiv in deinem Alltag zu testen**.
In diesem Kapitel findest du **Selbsttests, Beobachtungsübungen und kleine Challenges**, die dir helfen, deinen Deszendenten bewusst zu leben, den passenden Partner anzuziehen oder deine bestehende Beziehung zu vertiefen.

Selbsttest: „Wie sehr lebe ich meinen Deszendenten schon?"

Beantworte jede Frage mit **Ja**, **Manchmal** oder **Nein**.
Je mehr „Ja"-Antworten du hast, desto mehr bist du bereits im Einklang mit deinem Deszendenten.

1. Ich weiß, welche Eigenschaften mich bei anderen Menschen besonders anziehen.
2. Ich erkenne schnell, wenn jemand diese Eigenschaften verkörpert.
3. Ich traue mich, auf Menschen zuzugehen, die mich faszinieren.
4. Ich habe ein gutes Gefühl dafür, wann eine Verbindung gesund ist – und wann nicht.
5. Ich gestalte mein Leben so, dass Begegnungen mit meinem Deszendent-Typ wahrscheinlicher werden.

Auswertung:

- **4–5 × Ja:** Du bist schon sehr bewusst unterwegs – jetzt geht es um Feinschliff.
- **2–3 × Ja:** Du hast ein gutes Fundament, kannst aber noch gezielter handeln.
- **0–1 × Ja:** Zeit, deinen Deszendenten aktiv zu entdecken und zu leben.

7-Tage-Deszendent-Challenge

Jeder Tag steht unter einem kleinen Motto, das dich deinem Deszendenten näherbringt.
Passe die Übung an dein eigenes Deszendent-Zeichen an (siehe 7.3).

Tag 1: Beobachte bewusst, welche Menschen dich heute spontan anziehen.
Tag 2: Führe ein kurzes Gespräch mit einer Person, die dich neugierig macht.
Tag 3: Wähle Kleidung oder Accessoires, die deine Ausstrahlung unterstreichen.
Tag 4: Gehe an einen Ort, an dem dein Deszendent-Typ sich gerne aufhält.
Tag 5: Schreibe abends auf, welche Begegnung dich am meisten berührt hat.
Tag 6: Mache etwas, das dich aus deiner Komfortzone holt.
Tag 7: Plane bewusst eine Aktivität, die deinem Deszendenten entspricht.

Dein persönlicher Übungsplan – nach Deszendent-Zeichen

Hier findest du für **jedes der 12 Deszendent-Zeichen** konkrete Tipps, wie du ihn im Alltag aktivieren kannst – und wie du erkennst, ob dir ein gesunder oder ungesunder Typ begegnet.

Deszendent Widder (Aszendent Waage)

- **Anziehend:** Menschen mit Tatkraft, Direktheit, Leidenschaft.
- **Übung:** Sag heute einmal klar, was du willst – ohne dich zu entschuldigen.
- **Begegnungsorte:** Sportevents, Outdoor-Aktivitäten, spontane Treffen.
- **Red Flag:** Jemand, der ständig drängt oder aggressiv reagiert.
- **Mini-Challenge:** Sprich jemanden an, der dir auffällt, ohne lange zu überlegen.

Deszendent Stier (Aszendent Skorpion)

- **Anziehend:** Bodenständige, sinnliche, verlässliche Menschen.
- **Übung:** Genieße heute bewusst eine Mahlzeit oder ein sinnliches Erlebnis.
- **Begegnungsorte:** Märkte, Cafés, Natur, Kunsthandwerk.
- **Red Flag:** Besitzergier oder extreme Sturheit.
- **Mini-Challenge:** Lade jemanden zu einem gemütlichen Essen ein.

Deszendent Zwillinge (Aszendent Schütze)

- **Anziehend:** Neugierige, kommunikative, witzige Menschen.
- **Übung:** Führe heute drei neue Gespräche – auch Smalltalk zählt.
- **Begegnungsorte:** Buchläden, Workshops, Networking-Events.
- **Red Flag:** Oberflächlichkeit oder ständiger Themenwechsel ohne Tiefe.
- **Mini-Challenge:** Stelle einer neuen Person drei offene Fragen.

Deszendent Krebs (Aszendent Steinbock)

- **Anziehend:** Warmherzige, fürsorgliche, intuitive Menschen.
- **Übung:** Teile heute eine persönliche Geschichte mit jemandem.
- **Begegnungsorte:** Familienfeiern, Kochkurse, ehrenamtliche Projekte.
- **Red Flag:** Übermäßige Abhängigkeit oder emotionale Erpressung.
- **Mini-Challenge:** Lade jemanden zu dir nach Hause ein.

Deszendent Löwe (Aszendent Wassermann)

- **Anziehend:** Strahlende, selbstbewusste, kreative Menschen.
- **Übung:** Zieh heute etwas an, das dich besonders fühlen lässt.
- **Begegnungsorte:** Theater, Konzerte, kreative Workshops.
- **Red Flag:** Überheblichkeit oder ständiger Drang nach Bewunderung.
- **Mini-Challenge:** Komplimentiere heute drei Menschen ehrlich.

Deszendent Jungfrau (Aszendent Fische)

- **Anziehend:** Zuverlässige, analytische, hilfsbereite Menschen.
- **Übung:** Organisiere heute einen kleinen Bereich deines Lebens neu.
- **Begegnungsorte:** Bibliotheken, Seminare, Gesundheits-Events.
- **Red Flag:** Überkritik oder ständige Nörgelei.
- **Mini-Challenge:** Biete heute jemandem aktiv deine Hilfe an.

Deszendent Waage (Aszendent Widder)

- **Anziehend:** Charmante, diplomatische, stilvolle Menschen.
- **Übung:** Achte heute bewusst auf Harmonie in Gesprächen.
- **Begegnungsorte:** Kunstausstellungen, elegante Cafés, Tanzkurse.
- **Red Flag:** Konfliktscheu bis zur Unehrlichkeit.
- **Mini-Challenge:** Lade jemanden zu einer kulturellen Aktivität ein.

Deszendent Skorpion (Aszendent Stier)

- **Anziehend:** Tiefe, leidenschaftliche, geheimnisvolle Menschen.
- **Übung:** Führe heute ein Gespräch, das über Oberflächlichkeiten hinausgeht.
- **Begegnungsorte:** Psychologie-Workshops, spirituelle Kreise, Nachtleben.
- **Red Flag:** Manipulation oder extreme Eifersucht.
- **Mini-Challenge:** Teile ein echtes Geheimnis mit einer vertrauten Person.

Deszendent Schütze (Aszendent Zwillinge)

- **Anziehend:** Abenteuerlustige, optimistische, weltoffene Menschen.
- **Übung:** Plane heute eine Aktivität, die dich inspiriert oder Neues bringt.
- **Begegnungsorte:** Reisen, Sprachkurse, Outdoor-Abenteuer.
- **Red Flag:** Verantwortungslosigkeit oder ständiges Weglaufen.
- **Mini-Challenge:** Sprich jemanden an, der aus einem anderen Land kommt.

Deszendent Steinbock (Aszendent Krebs)

- **Anziehend:** Zielstrebige, verlässliche, strukturierte Menschen.
- **Übung:** Setze dir heute ein klares Ziel und arbeite daran.
- **Begegnungsorte:** Business-Events, Karrieremessen, Vereine.
- **Red Flag:** Gefühlskälte oder übermäßiger Kontrollzwang.
- **Mini-Challenge:** Bitte jemanden um Rat zu einem beruflichen Thema.

Deszendent Wassermann (Aszendent Löwe)

- **Anziehend:** Unkonventionelle, freiheitsliebende, inspirierende Menschen.
- **Übung:** Probiere heute etwas völlig Neues aus.
- **Begegnungsorte:** Festivals, alternative Cafés, soziale Projekte.
- **Red Flag:** Bindungsangst oder ständige Distanz.
- **Mini-Challenge:** Nimm an einer Veranstaltung teil, die du sonst nie besuchen würdest.

Deszendent Fische (Aszendent Jungfrau)

- **Anziehend:** Empathische, kreative, spirituelle Menschen.
- **Übung:** Nimm dir heute Zeit für Musik, Kunst oder Meditation.
- **Begegnungsorte:** Yogastudios, Kunstausstellungen, am Wasser.
- **Red Flag:** Realitätsflucht oder Opferrolle.
- **Mini-Challenge:** Schreibe heute ein Gedicht oder einen kleinen Text über deine Gefühle.

Dein Liebes-Tagebuch

Lege dir ein kleines Notizbuch oder eine App an, in der du täglich notierst:

- Wen habe ich heute getroffen?
- Welche Eigenschaften haben mich angezogen?
- Gab es Red Flags?
- Wie habe ich mich gefühlt?

Nach 2–3 Wochen wirst du Muster erkennen – und genau wissen, wie du deinen Deszendenten bewusst leben kannst.

✨ **Merke:** Dein Deszendent ist kein starres Schicksal, sondern ein Kompass.
Je bewusster du ihn einsetzt, desto klarer wirst du erkennen, wer wirklich zu dir passt – und wer nicht.

Kapitel 8 – Dein persönlicher Liebesfahrplan

Du hast nun viel über deinen Deszendenten gelernt – darüber, welche Menschen dich anziehen, welche Eigenschaften dich faszinieren und welche Herausforderungen damit verbunden sein können.
Jetzt ist es an der Zeit, dieses Wissen in deinen Alltag zu bringen.
Dieses Kapitel ist dein **individueller Fahrplan**: eine Mischung aus Erkenntnissen, praktischen Schritten und Inspiration, damit du den Partner findest, der wirklich zu dir passt – oder deine bestehende Beziehung auf ein neues Level hebst.

Deine Erkenntnisse zusammenfassen

Bevor du losgehst, halte kurz inne.
Schreibe dir auf:

- Dein Deszendent-Zeichen
- Die wichtigsten Eigenschaften, die dich anziehen
- Mögliche Stolpersteine, die du vermeiden möchtest
- Deine persönlichen „Must-haves“ in einer Beziehung

Diese Klarheit ist wie ein innerer Kompass – sie hilft dir, dich nicht in falschen Richtungen zu verlieren.

Dein individueller Aktionsplan – nach Deszendent-Zeichen

Hier findest du für jedes der 12 Deszendent-Zeichen eine **maßgeschneiderte Strategie**. Lies dir deinen Abschnitt aufmerksam durch und wähle die Tipps aus, die dich am meisten ansprechen.

Deszendent Widder

Dein Partner-Typ: leidenschaftlich, direkt, aktiv.
Dein Ziel: Menschen anziehen, die dich aus deiner Komfortzone holen, ohne dich zu überrennen.

Dein Fahrplan:

- Suche Orte, an denen Energie und Bewegung im Vordergrund stehen: Sportevents, Outdoor-Aktivitäten, Tanzkurse.
- Zeige in deinem Auftreten Selbstvertrauen – Widder-Typen lieben klare Signale.
- Achte darauf, dass Leidenschaft nicht in Ungeduld oder Dominanz umschlägt.
- Übung: Plane jede Woche eine Aktivität, die dich körperlich fordert – so strahlst du die Energie aus, die deinen Deszendenten aktiviert.

Deszendent Stier

Dein Partner-Typ: sinnlich, verlässlich, genussorientiert.
Dein Ziel: Menschen finden, die dir Sicherheit geben und dich erden.

Dein Fahrplan:

- Besuche Orte, an denen Genuss im Mittelpunkt steht: Weinproben, Kochkurse, Kunsthandwerk-Märkte.
- Pflege deine eigene Sinnlichkeit – Düfte, Stoffe, Musik, gutes Essen.
- Achte darauf, dass Beständigkeit nicht in Sturheit oder Besitzdenken kippt.
- Übung: Gestalte einen Abend pro Woche bewusst „stierisch" – gutes Essen, Kerzenlicht, langsames Tempo.

Deszendent Zwillinge

Dein Partner-Typ: kommunikativ, neugierig, vielseitig.
Dein Ziel: Menschen anziehen, die dich geistig inspirieren.

Dein Fahrplan:

- Suche Orte, an denen Gespräche entstehen: Lesungen, Workshops, Networking-Events.
- Zeige dich offen und interessiert – stelle Fragen, höre zu, teile kleine Anekdoten.
- Achte darauf, dass Leichtigkeit nicht in Oberflächlichkeit oder Unverbindlichkeit endet.
- Übung: Führe ein „Gesprächstagebuch" – notiere spannende Begegnungen und Themen, die dich begeistern.

Deszendent Krebs

Dein Partner-Typ: fürsorglich, emotional, familiär.
Dein Ziel: Menschen finden, die dir Geborgenheit schenken.

Dein Fahrplan:

- Suche Orte, an denen Gemeinschaft und Wärme im Vordergrund stehen: Kochgruppen, Nachbarschaftsprojekte, ehrenamtliche Arbeit.
- Zeige deine weiche, empathische Seite – Krebse reagieren auf emotionale Offenheit.
- Achte darauf, dass Fürsorge nicht in Abhängigkeit oder Überbehütung umschlägt.
- Übung: Lade regelmäßig kleine Gruppen zu dir nach Hause ein – so entsteht ein natürlicher Raum für Nähe.

Deszendent Löwe

Dein Partner-Typ: charismatisch, kreativ, großzügig.
Dein Ziel: Menschen anziehen, die dich inspirieren und dein Herz zum Leuchten bringen.

Dein Fahrplan:

- Suche Orte, an denen Kreativität gefeiert wird: Theater, Konzerte, Kunstausstellungen.
- Zeige deine eigene Lebensfreude – Lächeln, Humor, Offenheit.
- Achte darauf, dass Bewunderung nicht in Abhängigkeit oder Ego-Spielchen endet.
- Übung: Plane monatlich ein „Glanz-Event" – ein Abend, an dem du dich besonders schön fühlst und unter Menschen gehst.

Deszendent Jungfrau

Dein Partner-Typ: zuverlässig, analytisch, hilfsbereit.
Dein Ziel: Menschen finden, die dir Struktur geben und dich unterstützen.

Dein Fahrplan:

- Suche Orte, an denen Wissen und Organisation gefragt sind: Kurse, Vereine, Projekte.
- Zeige, dass du Wert auf Details und Qualität legst.
- Achte darauf, dass Hilfsbereitschaft nicht in Kritik oder Perfektionismus kippt.
- Übung: Engagiere dich in einem Projekt, bei dem praktische Hilfe gebraucht wird – so lernst du deinen Typ „in Aktion" kennen.

Deszendent Waage

Dein Partner-Typ: charmant, harmoniebedürftig, stilvoll.
Dein Ziel: Menschen anziehen, die Schönheit und Ausgleich in dein Leben bringen.

Dein Fahrplan:

- Suche Orte, an denen Ästhetik und Begegnung im Vordergrund stehen: Vernissagen, Tanzabende, stilvolle Cafés.
- Achte auf dein äußeres Erscheinungsbild – Waage-Typen lieben gepflegte Details.
- Achte darauf, dass Harmoniebedürfnis nicht in Konfliktvermeidung endet.
- Übung: Plane wöchentliche „soziale Dates" – auch mit Freunden – um deine Ausstrahlung zu trainieren.

Deszendent Skorpion

Dein Partner-Typ: intensiv, tiefgründig, transformierend.
Dein Ziel: Menschen finden, die dich emotional berühren und herausfordern.

Dein Fahrplan:

- Suche Orte, an denen echte Tiefe entsteht: Psychologie-Workshops, spirituelle Gruppen, intensive Hobbys.
- Zeige, dass du keine Angst vor ehrlichen Gesprächen hast.
- Achte darauf, dass Intensität nicht in Machtspiele oder Eifersucht kippt.
- Übung: Führe bewusst Gespräche, die über Smalltalk hinausgehen – so ziehst du Tiefe an.

Deszendent Schütze

Dein Partner-Typ: abenteuerlustig, optimistisch, freiheitsliebend.
Dein Ziel: Menschen anziehen, die dich inspirieren, Neues zu entdecken.

Dein Fahrplan:

- Suche Orte, an denen Abenteuer beginnt: Reisegruppen, Outdoor-Clubs, Sprachkurse.
- Zeige deine Offenheit für neue Erfahrungen.
- Achte darauf, dass Freiheit nicht in Unverbindlichkeit endet.
- Übung: Plane monatlich eine Aktivität, die du noch nie gemacht hast – und lade andere dazu ein.

Deszendent Steinbock

Dein Partner-Typ: zielstrebig, verantwortungsbewusst, verlässlich.
Dein Ziel: Menschen finden, die dir Stabilität und Orientierung geben.

Dein Fahrplan:

- Suche Orte, an denen ambitionierte Menschen sind: Business-Events, Fachmessen, Karriere-Workshops.
- Zeige, dass du selbst Ziele hast und Verantwortung übernimmst.
- Achte darauf, dass Zielstrebigkeit nicht in Kälte oder Überkontrolle kippt.
- Übung: Setze dir ein gemeinsames Projekt mit jemandem – so erkennst du, ob ihr als Team funktioniert.

Deszendent Wassermann

Dein Partner-Typ: unkonventionell, freiheitsliebend, visionär.
Dein Ziel: Menschen anziehen, die dich inspirieren, anders zu denken.

Dein Fahrplan:

- Suche Orte, an denen Innovation lebt: Start-up-Events, alternative Festivals, Zukunfts-Workshops.
- Zeige deine Offenheit für neue Ideen und Lebensstile.
- Achte darauf, dass Freiheit nicht in Distanz oder Unverbindlichkeit endet.
- Übung: Engagiere dich in einer Gruppe, die für eine Vision arbeitet – so lernst du Gleichgesinnte kennen.

Deszendent Fische

Dein Partner-Typ: einfühlsam, kreativ, spirituell.
Dein Ziel: Menschen finden, die dich emotional und seelisch berühren.

Dein Fahrplan:

- Suche Orte, an denen Kreativität und Mitgefühl im Mittelpunkt stehen: Musikabende, Meditationsgruppen, Kunst-Workshops.
- Zeige deine eigene Sensibilität – Fische-Typen spüren Authentizität.
- Achte darauf, dass Empathie nicht in Selbstaufgabe endet.
- Übung: Plane wöchentliche „Seelenzeit" – Aktivitäten, die dich innerlich erfüllen und deine Ausstrahlung sanft machen.

Motivation & Ausblick

Dein Deszendent ist kein starres Schicksal, sondern ein Wegweiser.
Je bewusster du mit ihm umgehst, desto klarer wirst du erkennen, wer wirklich zu dir passt – und wer nur eine kurze Episode in deinem Leben sein sollte.
Nutze die nächsten Wochen, um deine Erkenntnisse auszuprobieren.
Begegnungen werden sich verändern, wenn du dich veränderst.

Erinnere dich: Du bist nicht auf der Suche nach Perfektion – sondern nach einer Verbindung, die dich wachsen lässt und in der du dich zu Hause fühlst.

Anhang

Glossar astrologischer Begriffe

Aszendent (AC)
Das Zeichen, das zum Zeitpunkt deiner Geburt am östlichen Horizont aufging. Es beschreibt, wie du auf andere wirkst, deine Ausstrahlung und den ersten Eindruck, den du hinterlässt.

Deszendent (DC)
Das Zeichen, das deinem Aszendenten gegenüberliegt. Es zeigt, welche Eigenschaften dich in anderen Menschen anziehen – besonders in Partnerschaften. Der Deszendent verrät, welche Qualitäten du dir (bewusst oder unbewusst) vom Gegenüber wünschst.

Geburtshoroskop
Eine astrologische Karte, die den Stand der Planeten zum Zeitpunkt deiner Geburt zeigt. Sie wird anhand von Geburtsdatum, -zeit und -ort erstellt.

Sternzeichen (Sonnenzeichen)
Das Zeichen, in dem die Sonne bei deiner Geburt stand. Es beschreibt deinen Wesenskern, deine Grundenergie.

Mondzeichen
Das Zeichen, in dem der Mond bei deiner Geburt stand. Es steht für deine Gefühle, Bedürfnisse und dein inneres Erleben.

Die 12 Deszendenten – Dein Partnerprofil im Überblick

Hier findest du eine stilvolle, leicht verständliche Beschreibung jedes Deszendenten. Lies dir deinen eigenen Deszendenten durch – und vielleicht auch den deines Partners oder einer Person, die dich interessiert.

Deszendent Widder

Du fühlst dich zu Menschen hingezogen, die mutig, direkt und voller Energie sind. Sie bringen Schwung in dein Leben und fordern dich heraus, aktiv zu werden.
Achte darauf: Leidenschaft ist wunderbar – aber Vorsicht vor Hitzköpfen, die schnell ungeduldig oder aggressiv werden.
Anzieh-Tipp: Zeige dich offen für Abenteuer, probiere Neues aus und signalisiere, dass du Spontanität liebst.

Deszendent Stier

Du suchst Stabilität, Sinnlichkeit und Beständigkeit. Menschen, die Ruhe ausstrahlen, dich mit kleinen Gesten verwöhnen und dir Sicherheit geben, ziehen dich magisch an.
Achte darauf: Zu viel Beharrlichkeit kann in Sturheit umschlagen.
Anzieh-Tipp: Genieße bewusst – gutes Essen, schöne Düfte, angenehme Musik – und teile diese Momente mit anderen.

Deszendent Zwillinge

Du liebst wache, neugierige Menschen, die dich geistig inspirieren. Humor, Wortwitz und spannende Gespräche sind für dich unwiderstehlich.

Achte darauf: Manche reden viel, handeln aber wenig – prüfe, ob Taten den Worten folgen.

Anzieh-Tipp: Sei offen für neue Themen, stelle Fragen und zeige echtes Interesse an den Gedanken anderer.

Deszendent Krebs

Du fühlst dich zu warmherzigen, fürsorglichen Menschen hingezogen, die dir Geborgenheit schenken. Sie berühren dein Herz und lassen dich „zu Hause" fühlen.

Achte darauf: Übermäßige Fürsorge kann in Klammern oder emotionale Abhängigkeit kippen.

Anzieh-Tipp: Zeige deine weiche Seite, lade zu gemütlichen Treffen ein und schaffe eine vertraute Atmosphäre.

Deszendent Löwe

Du suchst Menschen, die strahlen, selbstbewusst sind und dich mit ihrer Lebensfreude anstecken. Sie bringen Glanz und Inspiration in dein Leben.

Achte darauf: Eitelkeit oder Dominanz können Schattenseiten sein.

Anzieh-Tipp: Zeige, dass du ihre Einzigartigkeit schätzt, und lass dich von ihrer Begeisterung mitreißen.

Deszendent Jungfrau

Du fühlst dich zu bodenständigen, verlässlichen Menschen hingezogen, die dir Struktur geben und dir helfen, Ordnung ins Leben zu bringen.
Achte darauf: Überkritik oder Perfektionismus können belasten.
Anzieh-Tipp: Zeige, dass du ihre Hilfsbereitschaft wertschätzt, und lade zu gemeinsamen Projekten ein.

Deszendent Waage

Du suchst charmante, ausgeglichene Menschen, die Harmonie lieben und dich mit ihrer Eleganz bezaubern.
Achte darauf: Konfliktscheu kann dazu führen, dass Probleme unter den Teppich gekehrt werden.
Anzieh-Tipp: Pflege dein äußeres Erscheinungsbild, schaffe eine angenehme Atmosphäre und zeige diplomatisches Geschick.

Deszendent Skorpion

Du fühlst dich zu intensiven, tiefgründigen Menschen hingezogen, die dich emotional berühren und transformieren.
Achte darauf: Leidenschaft kann in Eifersucht oder Machtspiele umschlagen.
Anzieh-Tipp: Sei bereit, dich auf tiefere Gespräche einzulassen, und zeige, dass du keine Angst vor Gefühlen hast.

Deszendent Schütze

Du suchst optimistische, weltoffene Menschen, die dich inspirieren, größer zu denken und Neues zu entdecken.
Achte darauf: Übermäßige Rastlosigkeit oder Unverbindlichkeit können herausfordernd sein.
Anzieh-Tipp: Teile deine Träume, sei spontan und offen für Abenteuer.

Deszendent Steinbock

Du fühlst dich zu verantwortungsbewussten, zielstrebigen Menschen hingezogen, die dir Stabilität und Orientierung geben.
Achte darauf: Zu viel Ernsthaftigkeit kann die Leichtigkeit nehmen.
Anzieh-Tipp: Zeige, dass du ihre Ambitionen respektierst, und unterstütze sie bei ihren Zielen.

Deszendent Wassermann

Du suchst unkonventionelle, freiheitsliebende Menschen, die dich inspirieren, anders zu denken und neue Wege zu gehen.
Achte darauf: Zu viel Distanz oder Unberechenbarkeit kann verunsichern.
Anzieh-Tipp: Sei offen für ungewöhnliche Ideen und respektiere ihre Freiheit.

Deszendent Fische

Du fühlst dich zu einfühlsamen, träumerischen Menschen hingezogen, die dich in eine Welt voller Fantasie und Gefühl entführen.

Achte darauf: Übermäßige Passivität oder Realitätsflucht können problematisch sein.

Anzieh-Tipp: Zeige Mitgefühl, teile kreative oder spirituelle Erlebnisse und sei offen für Emotionen.

Nützliche Online-Tools zur Deszendent-Bestimmung

- **Astro.com** – Kostenloses Geburtshoroskop mit Deszendent-Angabe
- **AstroSeek.com** – Einfache Eingabe von Geburtsdaten, übersichtliche Darstellung
- **Astrotheme.com** – Viele Zusatzinfos zu Partnervergleichen
- **TimePassages App** – Mobile App für iOS/Android mit klarer Darstellung

---

Literatur- und Linktipps

- „Astrologie für Einsteiger“ – Überblickswerk mit klaren Erklärungen
- „Partnerschaftsastrologie“ – Vertiefung speziell für Beziehungsfragen
- YouTube-Kanäle und Podcasts zu Astrologie (z. B. „AstroKollektiv“)
- Instagram-Accounts mit täglichen Astro-Impulsen

Tipp für dich als Leserin:
Druck dir die Beschreibung deines Deszendenten aus oder markiere sie im Buch. Lies sie immer wieder durch, wenn du neue Menschen kennenlernst – so trainierst du dein Gespür für deinen idealen Partner.

Ihre Meinung zählt!

Vielen Dank, dass Sie dieses Buch gelesen haben.

Wenn es Ihnen gefallen hat, hinterlassen Sie bitte eine **Bewertung:**

Jetzt auf Amazon.de bewerten

Vielen Dank für Ihre Unterstützung!

Printed in Poland
by Amazon Fulfillment
Poland Sp. z o.o., Wrocław

62669007R00074